神奇的成功之鑰

The Master Key System

查爾斯 ·F· 哈尼爾
Charles F. Haanel

晨星出版

目次 CONTENTS

來自全球讀者的強力見證

我想像讀《聖經》一樣，每天仔細地讀它。

專注於外在事物是不夠的，我們應該更多地關注自身內在，從中尋求答案。這本書深刻地影響了我的人生觀和世界觀，我可以毫不誇張地說，它是我生命中不可或缺的一本書。

我隨時都可以打開來閱讀，每次都能獲得啟發。這本書就像我的護身符一樣。

一本讓你檢視自己內心的書。

相見恨晚，還好沒有錯過！現在開始重新審視和規劃自己的生活，讓日子過得更加充實，也要把這樣的精神傳承給下一代。

簡直不敢相信這本書是 1912 出版的，它將其他吸引力法則書籍和資源的精髓濃縮在一起，卻比它們更精簡、更清晰，並且提供了更多實用的指導。

如果你已經準備好要改變，那麼這本書正是你需要的關鍵。

一開始，覺得 24 週的學習時間實在太長了，但漸漸地理解了作者的用意。因為初次閱讀的我們要達到完全深度理解這本書的內容，可能需要時間的累積。改變一個人的意識至少需要 40 幾天，而在新的生活體驗中穩固新狀態最少需 120 天。因此，這個 24 週的學習計劃是十分合理的。

當我打開這本書時，對於它能改變我生命的說法抱持保留態度。但在實際閱讀和使用它之後，我不得不承認我的觀點發生了很大的改變。

一開始我對這本書的效果有所懷疑，但完成了 24 週的課程後，我不只取得了巨大的成功，也為未來設定了明確的目標。我強烈推薦這套課程給所有渴望掌控人生、擁有清晰思維的人。祝福每位讀者都能像我一樣達到成功。

如果人們在二十出頭就讀這本書，將可以避免人生中的許多難題。這本書應該被納入學校的課程中才對。

在此提醒各位，閱讀這本書時不要像讀小說一樣，而應視為一門學習課程。請認真理解每一課的內容，完成並消化完一課之後再進行下一課。否則，後面的課程容易被誤解，這將浪費你的時間。

前言

爲什麼有些人好像很輕鬆就能獲得成功、權力、財富和各種成就，而其他人不管怎麼努力似乎都很難突破障礙，甚至無法實現夢想？原因究竟是什麼呢？這種差異通常不是因爲身體條件，如果是這樣，最健康的人應該最成功才對。所以，眞正的原因應該在於心理層面，也就是我們的**心智力量**。心智是成功的關鍵，也是人與人之間的主要區別。換句話說，心智是我們克服各種環境和障礙的核心力量。

了解思想的創造力之後，我們會驚訝地發現它所產生的效果。然而，要充分發揮這種力量，需要正確運用和持之以恆的專注。就像物質世界遵循著固定的規律一樣，**心理和精神世界也有其既定的法則**。因此，若要達成我們期望的結果，就必須嚴格遵循這些規律，才能精準地實現目標。**意識到力量源自內在**，不依賴外部援助，堅持自己的信念，就能迅速改變自己，**主導自己的命運**，甚至創造奇蹟。

因此，那些沒能充分利用這項重要科學成果的人，很快就會像當初拒絕接受電力所帶來的好處的人們一樣：被時代淘汰。

心智既能創造美好的事物，也能創造負面的事物。**當我們有意識或無意識地想像各種匱乏、限制和不和諧時，我們就會在現實生活中創造出這些條件**——這正是許多人在無意識中不斷重複的行為。

這條法則和其他所有法則一樣，對每個人都是公平的，它持續不斷地運作，一視同仁地**讓每個人收穫自己所種下的結果**，換句話說：「種瓜得瓜，種豆得豆。」

因此，豐盛取決於我們是否理解豐盛法則，以及是否意識到心智是所有事物唯一的創造者。**只有當我們相信自己能夠創造某樣東西，並為此付出努力時，才能真正將其創造出來。**就像發現電力的例子一樣，電其實一直都存在，但必須等到我們理解它之後，才能開始受益。同樣地，只有理解並與豐盛法則和諧相處的人，才能享受到它帶來的好處。

當今，科學思維正在各個領域發揮著影響力，因果關係變得日益重要

發現新法則是人類進步的重要里程碑。它幫助我們消除生活中的不確定性和反覆無常，帶來了規則、理性和確定性。

如今，人們普遍理解到，每個結果的背後都有其原因。

因此，在追求某個目標時，我們會**尋找達成該目標所需的條件**。

所有法則的基礎都是透過歸納推理而找出來的。**歸納推理**就是將多個案例進行比較，持續比對直到找出這些案例背後共通的因素。

這種方式爲文明社會帶來了繁榮昌盛和有價值的知識；它延長了壽命、減輕了痛苦，還建造了橋梁，使得夜晚變得明亮，加快了移動速度，縮短了距離，使得溝通更加方便，甚至讓我們能夠遨遊海洋與天空。因此，當人們發現某些成就明顯來自特定的思考方式時，自然會想要把這種研究方法的優勢應用到自己的思維中，並對這些成果進行整理歸納，這一點也不奇怪。

維護自由是一項艱鉅的任務，唯有透過科學理性的方式才能找到正確的道路。我們一直把自由視爲人民應有的基本權利，然而一個國家要眞正保障人民的安全，不僅需要在醫療衛生領域持續進步，更需要讓公私部門的運作效率、科學技術的創新，以及藝術人文的薰陶等各方面並駕齊驅，且所有努力最終都要以提升人民的生活品質爲依歸。在這個過程中，**科學**爲我們指引方向，**藝術**滋潤心靈，**倫理學**則規範我們的行為操守，三者相輔相成，共同推動社會的發展與進步。

《神奇的成功之鑰》是**一套基於科學原理的系統，它能幫助你挖掘自身潛能**，提升個人能力，讓你更有活力、洞察力、敏銳度和靈活度。學習並理解其中的心智法則，你將獲得前所未有的能力，取得前所未有的成就，這種好處實在難以用言語形容。

這套方法教導你如何運用心智的接收能力和行動力，協助識別機會，增強意志和思考能力。它鼓勵你培養並發揮想像力、欲望、情緒和直覺的最佳方式。同時，它提升了你的主動性、堅持力、明智的決策能力和同理心，讓你享受更高層次的生活。

本書傳授你**如何運用真正的「心智力量」**，與催眠術、魔法或其他看似神奇的欺騙手段無關。騙人的把戲會誤導人們，讓他們誤以為可以輕易地實現自己的夢想，但其實根本毫無效果。

本書有助於培養理解力，學會控制身體，進而維持健康。它還能提升記憶力，**培養敏銳的洞察力**，這是所有成功人士的重要特質。擁有這種洞察力，能幫助我們識別和抓住近在咫尺的機會，避免浪費時間在無益的事情上。

《神奇的成功之鑰》能助你培養強大的心智能力，自然散發自信和魅力，吸引周圍的人跟隨你。這種力量不僅經常帶來好運，還能吸引更多的人和機會。你將學會如何與自然法則和諧共處，獲得內心的平靜與力量。此外，書中還介紹了吸引力法則、自然增長法則等心理學原則，這些都將在社交與商業領域中助你一臂之力。

你的心智力量具有創造力，**能讓你為自己創造美好事物**，而不是奪走別人的東西。就像大自然讓一根草長出兩根一樣，心智力量也賦予我們同樣的能力。

本書能**提升你的洞察力和智慧，讓你更加獨立自主**，並且樂於助人。它能消除你的疑慮、沮喪、恐懼和憂鬱，並破除各種限制和弱點，甚至包括疼痛和疾病。這套方法喚醒了你內在潛藏的天賦，激發了你的主動性、力量、能量和活力，讓你更懂得欣賞藝術、文學和科學的美好。

這本書用明確的原則取代了不確定和模糊的方法，也爲每一種效率系統的運作奠定了基礎，改變了成千上萬人的生活。

美國鋼鐵公司的主席蓋瑞（Elbert Gary）說：「成功管理的關鍵在於正確的原則，而不是顧問、老師或效率專家。

我認爲採用正確的原則，比依靠專家更重要。」

《神奇的成功之鑰》不同於其他學習方式，它教導正確的原則，提供實用的方法，強調原則的價值在於實踐而非理論。許多人終其一生都在讀書、上課、聽演講，卻從未驗證這些知識的價值。而這課程提供了一套方法，**讓你將所學的原則付諸行動，在日常生活中發揮其效用**。

世界的思想正在經歷轉變，這場變革正在我們身邊悄然發生，無論是社經地位、文化程度高的人士還是勞動階層，他們的觀念都在經歷著前所未有的變革。

隨著科學進步，人類發現了無限的資源和可能性，以及許多超乎想像的力量，這讓科學家開始質疑一些既定的理論，並對一些看似荒謬或不可能的想法抱持開放態度。因此，**一個新的文明正在悄然誕生**。舊有的習俗、信仰正在消逝，取而代之的是遠見、信念和服務。傳統的束縛正在從人類身上被卸下，思想得到解放，眞理正在向世人展現其光芒。

世界正在經歷新意識、力量和內在潛能的覺醒。上個世紀見證了歷史上最輝煌的物質進步，而本世紀將迎來精神和心靈力量的巨大發展。物理科學將物質分解爲分子、原子，最終歸結爲能量。英國物理學家弗萊明爵士（Ambrose

Fleming）曾在演講中指出，能量的最終本質可能是我們所說的「心智」或「意志」的直接表現。

讓我們來深入探索自然界中最強大的力量吧！在礦物的世界裡，一切都固定不變；而在動植物的國度裡，處處可見生機盎然的變化，周而復始地創造與重生。在大氣層中，我們可以觀察到熱量、光線和能量的存在。**當我們從可見的世界轉向不可見的**，從粗糙走向細膩，從低能量升至高能量，每個領域都變得更加精緻、更具靈性。當我們進入不可見的世界時，**會發現能量處於最純淨、最易發揮的狀態。**

正如自然界中最強大的力量是無形的，人類最強大的力量也是內在的力量，也就是我們的精神力量。**精神力量的唯一表現方式是思考。**思考是精神所擁有的唯一活動，而思想則是思考的唯一產物。

加法和減法不僅是數學上的操作，也可以看作是心理上的一種交易。推理是我們在思考時的一個過程；想法是心理上形成的概念；當我們遇到問題時，就像是**用心理上的探照燈去照亮未知的部分**；而邏輯、辯證和哲學，是我們用來進行思考和解決問題的心理工具。

每個念頭都會影響特定的身體器官、腦部區域、神經或肌肉，並在這些組織中產生物理上的變化。因此，只要持續地集中思考某個特定的主題，就有可能引發身體結構的顯著變化。

積極思考能將失敗轉爲成功。負面想法如失敗、絕望、缺乏、限制和不和諧，可轉化爲勇氣、力量、靈感和和諧。這些正面思維將在我們內心生根，改變我們的身心，讓我們以新的視角看待生活，彷彿經歷了一次精神重生。

生活因此變得更有意義，我們變得更加充滿喜悅、自信、希望和活力，開始察覺到以前未曾發現的成功機會。成功的思想影響我們和周遭的人，他們也會支持我們進步。我們將吸引新的成功夥伴，改變生活環境。因此，**透過簡單的思想練習，我們能改變自己，也能改變環境和生活條件。**

我們正處於一個嶄新的時代，機會無所不在。就像一個世紀前擁有格林機槍*的人能輕易擊敗裝備最先進的軍隊一樣，如果一個人眞正理解《神奇的成功之鑰》中所蘊含的潛力，他將擁有超越他人的巨大優勢。

* Gatling gun，是世界上第一種具有實戰價值的機槍，由美國人理察・加特林（Richard Jordan Gatling）於1862年取得專利。

Lesson 01 所有的力量都來自內在

想讓生活更有力量嗎？那就培養出一種力量的意識。想要身體更健康嗎？那就培養健康意識。想追求更大的幸福嗎？那就培養幸福意識。全心全意地感受這些事物，直到它們真正成為你的一部分。到那時候，你將無法再抗拒它們。這個世界上的一切事物都對充滿正能量的人張開雙臂，所以我們可以利用這一點來掌握它們。

你不需要向外尋求這種力量，因為你早已擁有它。你需要的是理解它、運用它、掌握它，這樣才能勇往直前，征服你的世界。

隨著你不斷地前進，你的動力會增強，想法會變得更深刻，計劃會變得具體，理解會日益加深。你將開始意識到，這個世界不僅僅是冰冷的石頭和木材，而是一個由每個人的心跳所共同構成的、活力滿滿的存在，充滿了生命之美。

要理解並運用這樣的世界，需要智慧與洞見。一旦你領悟到這點，新的光芒和力量將照亮你的前行之路。你將變得更加自信和強大，夢想將逐漸成真，生活也會變得更加豐盛、充實和明亮。

現在，讓我們開始上 Lesson 1 吧。

在任何情況下，相似的行爲往往會產生相似的結果。也就是說，如果你已經有了財富，更有可能繼續累積財富；反之，如果你現在正在處於匱乏當中，可能會遭受到更多的匱乏。這種現象可以用「**越有越多，越缺越少**」來形容，此原則適用於生活的各個領域。

心智具有創造力，而我們的生活條件、環境和所有經歷，都是由我們的慣性和主導性的心態所創造的。

心態是由我們的思想決定的。因此，所有的力量、成就和擁有的祕密都源自我們的**思考方式**。

我們必須先「成爲」某種人，才能「去做」某件事。我們所能「做」的事情，取決於我們是什麼樣的人，而我們是什麼樣的人，取決於我們的「**想法**」。

力量來自內在，唯有覺醒才能運用。獲得力量的唯一方式是**意識到**力量，並了解力量源自於我們的內在。如果我們沒有意識到自己的內在潛能，就無法有效利用它。

我們的**內在**有一個無形的世界，由思想、感覺和力量所構成的世界；一個充滿光芒、生命和美麗的世界。雖然肉眼看不見這些元素，但它們的力量很強大。

內在世界由思想和情感主宰。探索內在可以幫助我們找到解決問題的方法和理解事物的成因。既然我們可以**控制自己的內在**，就表示有能力掌控影響我們生活的法則，從而更有效地控制自己的命運。

外在的一切都是我們內在的反映。內在所感受和相信的事物，都會顯化於外在。我們的內在擁有無限的智慧、力量和資源，只等著被發掘和運用。如果我們有意識到內在的潛能，並相信自己真的能夠實現，那麼這些潛能就會在外在世界開花結果。

當內在平和喜悅時，這些積極的狀態會反映到外在世界中，吸引到美好的事物、和諧的環境、愉快的氛圍以及各種好運和成功。**內在的和諧**是健康的基礎，也是所有偉大、力量、成功的必要條件。

當內心處於**和諧狀態**時，就擁有了一種強大的力量，能夠控制自己的思想和感受。這種控制力讓我們能夠選擇如何看待和體驗任何事情，並決定這些經歷將如何影響我們。

內在世界的和諧帶來樂觀和富足；也就是**內在的富足可以帶來外在的富足**。

外在世界反映了內在意識的處境和環境條件。

如果我們能夠在**內心找到智慧**，就能夠理解內在世界中蘊藏的無限可能性，將這些可能性**顯化於外在世界並且獲得力量**。

當我們覺察到內在的智慧時，就已經在精神上掌握了這份智慧。一旦我們將這些智慧視爲自己的一部分，就能夠獲得實現個人發展所需的力量和智慧。

內在世界是我們實現目標的重要資源，強者會在此產生勇氣、希望、熱忱、自信、信任和信念。這些情感和信念讓他們獲得了敏銳的智慧，從而看到自己的願景並將其化爲現實。

生命並非單純的累積，而是一種**不斷發展的過程**。從外在世界得到的事物，其實都是**反映自己內在已經擁有的東西**。

我們所擁有的一切都源自於意識。當**意識集中累積時，會獲得更多**；相反地，如果意識散漫無序，就可能會失去一些東西。

心智效率（思考和理解事物的能力）取決於內心的和諧狀態，若內心不和諧就會產生混亂。因此，想要獲得更多的力量的人，必須學會與**自然法則**和諧相處。

我們**透過心智與外在世界建立連結**，心智主要由**大腦**負責運作，並透過大腦和**脊椎神經系統**與身體各部位進行意識交流。這套神經系統能夠迅速地將我們對光、熱、氣味、聲音和味道的感受傳遞給大腦。

當我們的心智能夠正確思考、理解眞理，並且向身體傳遞建設性的思想時，我們就會感到愉悅和諧。

透過**客觀的思考**，我們可以將力量、活力和有助於成長的動能融入生活中。然而，錯誤的思維也可能引入痛苦、疾病、匱乏、限制和各種不和諧的因素，就像是通往破壞性力量的橋梁。

我們透過潛意識與內在世界建立連結，太陽神經叢是心智活動的重要器官，而自律神經系統則控制著所有的主觀感受，如喜悅、恐懼、愛、情緒、呼吸、想像力以及其他潛意識現象。透過潛意識，我們與宇宙的心智相連，並與宇宙中的無限力量建立了連結。

協調生命中的客觀與主觀心智，是生命的奧祕所在。掌握這項智慧，便能讓有限與無限和諧共存，掌控自身命運，不被外部不確定因素所影響。

宇宙中存在著一種**至高無上的意識**，它遍布整個宇宙，佔據所有空間，其本質在每一處都相同。它無所不在、無所不知、永恆存在。所有思想和事物都蘊含於其中，它是**萬物之源**。

在宇宙中，只有一種「意識」能夠進行思考。當它思緒流轉，念頭便化作具體的事物。這種**無所不在的意識**，遍布萬物之中，必定也存在於每個個體之中。換句話說，每個個體都是全能、全知、無所不在的意識的一種體現。

既然宇宙中只存在一種能夠思考的「意識」，**你的意識與宇宙的意識本質就是相同的**，或是說，**所有的心智都是一體的**。總之，宇宙之念，萬物之源，心靈相通，皆爲一體，這一點不可否認。

你腦中的意識和其他所有生物的意識是一樣的。每個生物都是宇宙的一部分，也是宇宙意識的一種表現形式。**我們都是宇宙的一部分，我們的意識也是宇宙意識的一部分**。

宇宙心智深藏於萬物之中，蘊藏著無窮的能量。它靜默無聲，卻無處不在；它潛藏於個體之中，卻又超越個體。**個體是宇宙心智的顯現，宇宙心智亦是個體的顯現**，這些全部都是一體的。

個人的思考能力是他對宇宙產生影響並且實現的能力。人類意識的核心就是思考。心智本身是一種細微的靜態能量，從中衍生出我們所稱的「思想」，這是心智的動態表現。因此，**心智是靜態的能量，而思想則是動態的能量**，兩者是同一事物的兩個階段。因此，思想是將靜態心智轉化為動態心智所形成的**振動力量**。

宇宙意識全能、全知、無所不在。它蘊藏著無限的潛能，也賦予了每個人無限的可能。當我們思緒流轉，念頭便會化作具體的事物，成為我們現實的一部分。因此，**每一次思考都蘊藏著力量，每一次念頭都可能改變現實**。

每一個想法都會產生一種結果。因此，**控制你的念頭讓它只產生你想要的結果，絕對是必要的**。

所有的力量都來自內在，完全掌握在你手中。它是透過對知識的正確掌握，以及實踐而獲得的。

一旦你真正理解了這個法則，並且能夠控制你的思考過程，就可以將它應用到任何情況。換句話說，**你將與萬能法則（所有事物的根本基礎）進行有意識的合作。**

宇宙意識就是賦予每一個原子生命力的根源。每個原子都在不斷努力地展現更多生命力，它們全都具有智慧，並且都在追求實現自己被創造出來的目的。

大多數人只關注外在的世界，也就是能看到、聽到、摸到的事物。只有少數人發現了內在的世界，也就是我們的思想和感覺。因此，內在的世界具有強大的創造力，**你在外在世界中找到的一切，都是你在內在世界中創造的。**

當你理解了內在世界與外在世界之間的關係，就能掌握一種強大的力量。這種力量可以改變你的生活。內在世界是造成外在世界的原因，外在世界則是內在世界的結果。**要改變結果，你必須先改變原因。**

你會發現這是一個全新的概念，和以往的觀點相當不同。大多數人都試圖改變外在的結果，卻沒有想到要先改變內在原因，而只是將一種問題轉換成另一種問題。如果想要根本解決問題，必須先找到問題的根源，而這個根源只能在**內在世界**中找到。

所有的成長都源自內在。這在自然界中隨處可見，每棵植物、每隻動物、每個人都是這個偉大法則的活生生證據。長久以來，人們在外在世界尋求力量的觀念其實是錯誤的。

內在世界是宇宙能量的源頭，外在世界則是這股能量的表現。我們能從這個源頭接收多少，完全取決於對這股宇宙無限能量有多少了解。每個人都是這股能量流的一個表現點，因此，人人相連，共生共振，其實都是一體的。

認知是一種心理上的作用過程，涉及個人與宇宙智慧之間的互動。這股智慧無所不在，遍布整個宇宙空間，賦予所有生命智慧之力。這種心理活動實際上是**因果法則**的一種表現。然而，這因果原理的根源不在個人，而是存在於宇宙的整體心智中。因此，**認知**不是一種客觀可見的能力，而是一種**主觀的內在過程**，它所產生的結果會以各種不同的狀況和體驗來呈現。

心智是生命的基礎，沒有心智，就沒有生命。所有的事物都由心智創造，這些事物會不斷地被創造和再創造。

我們的生活就像是在一片深不可測的「**心智物質**」海洋中，這種「心智物質」會根據我們的心理需求變化形狀。**思想**就像是塑造這種物質的模具，決定了它的形狀和表現。

請記住，**真正的價值並不只在於擁有知識，而是在於如何應用知識**。如果能夠真正理解並應用這個原則，就能以富裕取代貧窮，以智慧取代無知，以和諧取代紛爭，以自由取代壓迫。從物質和社會的角度來看，這種改變無疑會帶來巨大的福祉，沒有什麼比這更好的了！

練習看看

選擇一個可以獨處和不受干擾的空間；坐直，舒適但不至於太放鬆到變得懶散；讓你的思緒自由流動，但是身體要保持不動，持續這樣做 15 分鐘到半小時。接著，**持續進行這樣的練習三、四天或者一週，直到你能夠完全控制你的身體**。

有些人可能會覺得這很困難，但也有人覺得可以輕鬆掌握。但無論如何，在你準備好進行下一步之前，必須要能完全控制自己的身體。下週收到下一步的指示之前，請確認好你已經完全掌握了目前這一步。

Lesson 02 潛意識的驚人力量

我們所遇到的困難，很大部分是因為我們的想法混亂，對自己真正利益的無知所導致的。所以，我們最重要的任務是發現自然法則，並調整自己去適應它們。因此，清晰的思考和道德洞察力具有重大的價值。所有過程，甚至包括思想，都建立在堅實的基礎之上。

當我們的感知更為敏銳、判斷更為精確、品味更為細膩、道德感更為精緻、智慧更為微妙、抱負更為高尚時，我們從生活中獲得的滿足感也將更為純淨和強烈。學習世界上最偉大的思想，可以帶來無上的愉悅。

在新理解下的心智力量、用途和潛能，遠比最奢侈的成就，甚至比物質進步的夢想，都要神奇得多。思想是能量，積極的思想是積極的能量；集中的思想是集中的能量。將思想集中於明確的目標，就會變成力量。

我們接收和顯現這種力量的能力，取決於我們是否能認識到，無限的能量始終存在於我們內在，它不斷地創造和重塑我們的身體與思想，並隨時準備透過我們以任何必要的方式顯現出來。一個人外在生活的表現，正與他對這一真理的認知程度成正比。

Lesson 2 將介紹如何達成這個目標的具體方法。

心智運作有兩種模式，一種是有意識，另一種感知不到，也就是潛意識。戴維森教授（Professor Davidson）曾說：「如果有人認爲僅靠意識就能完全理解自己所有的心理活動，就像是用一支小小的蘆葦燈想要照亮整個宇宙一樣，那是不可能的。」

人腦即使在無意識的狀態下，也能進行邏輯推理。這種無意識的邏輯過程具有確定性和規律性，在相同的情況下總是會產生相同的結果。心智的設計極爲巧妙，**就算不知道自己的大腦是如何運作，但仍然能夠思考、學習和理解世界**。

潛意識像是一位慷慨的陌生人，默默地爲我們工作，提供我們所需的一切，只把最好的結果呈現給我們。**從對思想過程的深入分析來看，潛意識是各種心理表現的舞台**。

莎士比亞透過潛意識的洞察，輕易地了解對一般人來說難以理解的深奧眞理。同樣地，古希臘最偉大的雕刻家菲迪亞斯用大理石和青銅創作出美麗的藝術品，拉斐爾畫出了動人的聖母像，而貝多芬則是創作出了深具影響力的交響曲。這些都是他們**運用潛意識，將內在的感受和理解轉化為具體的藝術作品**。

我們能否從容地完成一項任務，極大程度上取決於我們**是否順從潛意識的引導，而非僅僅依靠意識的力量**。像是彈鋼琴、溜冰、打字，或其他技術性活動，都是潛意識過程的傑作。當我們能夠在流暢地彈奏鋼琴的同時，還能進行激烈的對話，這正展現了潛意識力量的驚人之處。

我們都深知**潛意識**對我們的影響，尤其當我們的思想變得更加偉大、高尚時，更能體會到這些思想的源頭超乎我們的理解。我們常能機智應對、憑直覺行事，並且能欣賞藝術和音樂的美，但我們其實不清楚這些能力來自何處，以及它們是如何形成的。

潛意識對我們來說極爲寶貴，它不僅能激勵我們，還能提醒我們。潛意識能夠從我們的記憶庫中提取各種名字、事實和場景，幫助我們應對日常生活中的挑戰。它也能引導我們的思考和品味，處理一些對於我們的意識層面來說較爲複雜的任務。

我們能夠自由地控制一些行動，比如隨意走路、隨時舉手，或者選擇用眼睛或耳朵關注特定的事物。然而，我們無法控制心跳或血液循環的動作，也無法干涉骨骼的生長或其他生命運作的重要過程。

如果將這兩類行為進行比較，一類是**有意識的行動**，例如隨時停下或動作；另一類則包括心跳和呼吸等**自動、規律且穩定的生理活動**。後者對於生命至關重要，它不受我們的意識控制，始終保持穩定且不會隨意改變。

在這兩種力量中，外在的和易變的被稱為**「意識」或「客觀意識」**（處理外在對象）。內在的力量被稱為**「潛意識」或「主觀意識」**，除了在心理層面發揮作用，還控制著生理機能，例如心跳、呼吸等。

我們需要了解「意識」和「潛意識」在心理層面各自的功能及一些基本原則。「意識」是透過五官感知外在世界，並對接收到的資訊進行處理。

「意識」具備辨別力，並承擔選擇的責任。它具有高度可發展的推理能力，包括歸納、演繹、分析和三段論。此外，它是**意志的中心**，擁有源源不斷的能量。

有意識的心靈不僅能影響他人，更能引導潛意識，扮演著負責任的領導者與守護者角色。藉由意識的掌控，能全然扭轉你的人生境況，這種高階功能可以完全改變你的生活條件，幫助你**實現更美好的自我**。

潛意識若接收到錯誤的暗示，可能導致恐懼、焦慮、貧窮、疾病和衝突等負面結果。**有意識心靈**則能透過警覺的保護行動來阻止這些情況發生，如同潛意識領域的「守門人」，守護心靈的健康與平衡。

一位作家表述了意識和潛意識之間的主要區別爲：**意識**是透過推理來判斷情勢，做出決定。**潛意識**則代表著本能的欲望和情緒，它是過去有意識地思考、判斷後所累積的結果。

潛意識具有根據外界資訊進行推理的能力，但無法自行判斷資訊的眞僞。若接收到的資訊正確，潛意識就能得出正確的結論；若接收到錯誤資訊，則會導致錯誤的結論。因此，**潛意識需要意識心靈的守護，以防止錯誤資訊進入潛意識**。

潛意識一旦接受任何建議，就會立即付諸行動。由於潛意識對人體有著深遠的影響力，其作用範圍遍及身心各層面，因此，如果接受的建議是錯誤的，將對個人身心健康造成危害。

有意識的心靈應該在所有清醒時刻保持警覺，當它放鬆警戒或判斷力不佳時，潛意識便如同一座無人的堡壘，容易受到外界的侵擾。尤其在極度恐慌、強烈憤怒、群衆衝突等情緒失控狀態下，潛意識更容易接納恐懼、仇恨、自私、貪婪和自我貶低等負面思想，這些負面影響往往會對心靈健康造成長期的傷害。

潛意識主要靠直覺來感知事物，因此反應非常快速。它不依賴意識緩慢的推理過程，實際上，潛意識也無法使用這種有意識的推理方法。

潛意識從不休息，像心臟或血液循環一樣。事實已證明，當我們明確地告訴潛意識要做什麼，它便會啓動一系列機制來**幫助我們實現目標**。這股強大的力量值得我們深入探索和運用。

這個法則運作的過程眞是有趣極了。實踐者發現，當他們打算和別人進行可能會很棘手的對話，似乎就已經有一股力量在幫忙化解分歧，使大家能夠和和氣氣地相處。面對棘手的商業難題時，他們只需耐心等待片刻，就會有提示出現，指引他們找到正確的解決之道，所有問題就這樣迎刃而解了。事實上，**那些學會信任潛意識的人發現，他們可以調動無限資源來幫助自己**。

潛意識是原則、抱負、藝術創作和利他主義理想的泉源。這些潛在的力量並非一蹴可幾，而是需要經過精心設計的改造過程，才能逐漸轉化爲我們的行爲指引。

潛意識無法進行邏輯辯論，因此如果它接受了錯誤的建議，唯一的克服方法是**反覆灌輸正確的觀念，直到潛意識將其內化為新的習慣**。潛意識心靈如同「習慣」的儲存庫，我們反覆做的事情會逐漸形成根深蒂固的思維模式。若這些習慣是有益和正確的，將對我們的生活產生積極的影響。若是有害的，則需利用潛意識的創造力和神聖力量，引導它實現我們所渴望的自由。

總的來說：**潛意識在生理上主要負責維持生命的基本運作**。同時，它也促進生命的延續與繁衍，這包括一種維護生命、全面改善生活環境的本能欲望。

在心理層面，潛意識是我們所有經歷和情感的儲存庫，同時也承載著不受時間和空間限制的豐富思想與靈感。它影響著我們的創造力、解決問題的能力以及行爲模式的形成。

在靈性方面，潛意識是理想、抱負與想像力的來源，並且是我們認識這個神聖源頭的途徑。當我們越認識這份神性，就越能理解力量的源頭。

有人可能會問：「潛意識如何改變現狀？」答案是，**潛意識與宇宙心智相連**，雖然表現形式不同，但本質上是相同的。它們都**擁有創造力**，因此我們的思想也具有創造力，**可以改變現狀**。

我們會發現，**「隨便想一想」**和**「有意識地、有計劃地、有建設性」的思考**之間存在著巨大的差異。這種有目的的思考可以調整我們的心靈，使之與宇宙心智和諧一致，進而喚醒最強大的力量——**創造力**。這一切都受自然法則的支配，即**「吸引力法則」**。也就是說心智具有創造性，會自動與其對象產生關聯並且推動著它實現。

練習看看

如果你已經完成了上週關於控制身體的練習，那麼現在可以進入下一步了。這次的練習是**控制你的思想**，選擇同一個空間、同一把椅子，保持相同的姿勢進行練習。現在，保持靜默，抑制所有雜念，這將幫助你控制所有擔憂、焦慮和恐懼的思緒，讓你**專注於自己所期望的想法**。持續這個練習，直到你完全掌握爲止。

你每次只能進行這個練習幾分鐘，但它確實很有幫助。這會使你深刻體驗到有多少想法正不斷湧入內心世界，這個過程有助於更深入地理解你自己的思維活動。

下週你將收到一項可能更有趣的練習指引，但在那之前，你需要先掌握這個練習。

因果關係是一種普遍存在的法則，它既適用於我們可以看到的物質世界，也適用於我們看不到的思想世界。我們的思想就像織布機，它既可以織造我們內心的性格，也可以織造我們外在的環境。

——詹姆斯．艾倫（James Allen）

Lesson 03 態度決定一切

你已經意識到個體能對宇宙產生影響，這種互動遵循著因果關係：思想是原因，生活經歷是結果。因此，請不要抱怨現狀或過去的遭遇，因為改變它們的力量就在你的手中。你有能力讓生活變得更美好。

把你的精力放在開發心智力量上，因為真正持久的力量都源自於此。心智力量一直存在著，一直等待著你去運用。

持續練習，直到你明白，只要理解自己的力量並堅持目標，就沒有什麼事是辦不到的。因為心智力量隨時準備協助意志堅定的人，將想法和欲望轉化為實際的行動、事件和結果。

就像學習新技能一樣，一開始都需要勤奮練習。隨著練習的時間越來越長，這些行為將變得越來越自動化，原本主導這些行為的思考也會轉移到潛意識中。然而，即使成為潛意識的一部分，這些思考的力量依然存在並且發揮作用。

當你意識到這一點，就等於找到了一種強大的力量來源，它能幫助你應對在生活中所遇到的任何狀況。

意識和潛意識的心靈需要互相配合，就像神經系統之間也需要合作一樣。吸引力法則創始人湯瑪斯・托沃（Thomas Troward）提出了一種非常棒的方法來解釋這種互動：大腦和脊髓的神經系統主要負責我們的意識，這個系統讓我們從感官接收外界訊息並控制身體動作，而這個系統的中心就是大腦。另一方面，交感神經系統則負責潛意識運作，控制我們的無意識反應和生理功能。

交感神經系統的中心在胃部後面一個稱爲**「太陽神經叢」**的地方，這個系統主要是控制潛意識進行的活動，比如心跳、呼吸、消化等。它時刻監控著身體的運作，讓我們能夠在無意識的情況下維持生命。

迷走神經是意識和潛意識神經系統的溝通橋梁。它從大腦區域出發，原本屬於自主神經系統的一部分，一路延伸到胸腔，並分支至心臟和肺部。穿過膈肌後，迷走神經的外層膜消失，與交感神經系統的神經網絡融合，形成兩者之間的連結。因此在生理層面，一個完整的身體得以運作。

我們每個念頭都會被大腦有意識地接收和審查，如果大腦認爲這些念頭是眞實的，就會被傳遞到太陽神經叢，也就是潛意識的活動中心，念頭會在那裡被轉化爲實際的行動。在這個階段，念頭已經不再受到任何質疑。**潛意識不會進行分析，它只會根據意識的決定來行動。**

太陽神經叢是身體的能量中心，它將能量分發到身體的各個部分，並將這種能量釋放到我們身體周圍的空間中。

如果一個人的**內在能量**非常強，我們會說他散發出一種正能量的磁場，也就是說他充滿了個人魅力。這樣的人通常具有很大的影響力，他的行爲也總是充滿善意。他的存在本身能給那些心煩意亂的人帶來心靈慰藉。

當太陽神經叢處於活躍狀態時，它會向身體的每個部分以及周圍的人散發出生命力、能量和活力。這種狀態下，與他接觸的人會感到身心愉悅健康。

當身體裡的能量不暢通時，我們會感到身體不舒服，這是因爲生命力和能量無法順暢地**流動**到某個部位，而這正是人類所有疾病——生理、心理和環境疾病的根源。

生理上的問題，是因爲主導身體能量的「太陽」並沒有產生足夠的能量，導致某一部位失去活力。心理的問題是因爲意識需要潛意識提供能量來維持思考，而能量阻礙不通影響了它們之間的連結。至於環境問題，則是因爲潛意識與宇宙之間的連結遭到中斷，影響了個人與周遭環境的能量交流。

太陽神經叢是**個體與整體相遇的地方**，它能將有限的事物轉化爲無限，非物質在此化爲物質，宇宙能量在此轉化爲個體能量，無形在此顯化爲有形。它是生命力顯現的起點，人們可以從這個中心點獲得源源不斷的能量。

太陽神經叢是能量的中心，它連結了所有生命和智慧，因此擁有無比強大的力量。只要意識下達指令，這個能量中心就能實現任何目標。潛意識像一個忠實的僕人，**會接受意識所交代的任務，並且盡力去完成**。

因此，**有意識的思想掌控著身體的中樞能量核心**，而整個身體的活力都來自這裡。內在思維的品質直接影響能量核心所釋放的思想品質，思維特性也會決定能量核心的特性；此外，思維本質是積極還是消極，不僅會影響能量核心的性質，還會決定我們所經歷的事情好壞。

我們要做的就是讓自己的光芒照耀出來，發揮優勢和潛能。當我們擁有更多能量時，就能像太陽一樣照亮周圍的人事物，**將負面情況轉化為積極的結果**。然而，要如何讓這道光芒照耀出來、產生能量呢？

當我們保持心情愉快、擁有樂觀想法時，太陽神經叢會放鬆、擴張；當我們心存抗拒或感到不快時，它則會緊縮。勇氣、力量、自信和希望的思想，有助於我們保持積極的狀態。然而，**恐懼是太陽神經叢的最大敵人**。唯有當我們完全克服恐懼，內在才能像太陽一樣照亮周圍，就像驅散了遮蔽太陽的雲層，讓陽光自由照耀。

每個人心中都有一個「恐懼的魔鬼」，它讓我們感到對過去、現在和未來的恐慌；它讓我們害怕自己、朋友、敵人，甚至一切事物和所有人。唯有**勇敢地面對這些恐懼，並將其徹底消滅，我們才能真正解放自己**，讓內在的光芒綻放。到那時候，你會發現自己擁有無限的動力、能量和生命泉源。

當你意識到自己擁有無限的力量，並且以實際行動證明自己能克服各種困難時，就不會再感到害怕，所有恐懼將被摧毀，而你則獲得應有的權利和自由。

生活態度直接決定了我們所經歷的事。如果老是無所期待，或許便無法得到任何東西；**但若我們擁有更多期待，便有可能獲得更多**。世界並非總是嚴苛，有時候我們感受到的殘酷，只是因爲自己不夠堅定。同理，若我們未能**堅**

定地捍衛自己的想法，別人的批評可能會讓我們感到痛苦，許多好點子因爲害怕被批評而未能實現。

但是，已經意識到自己擁有太陽神經叢力量的人，不會害怕被批評或其他事情，他們會專注於展現勇氣、自信和力量。這些人以積極的態度期待成功，並且能夠克服所有障礙，超越由恐懼引起的猶豫和懷疑。

當我們意識到自己可以有意識地散發健康、力量與和諧時，就會明白**我們正與無限的力量相連，因此可以無所畏懼**。

眞正的知識來自於將所學應用於實際行動中，只有透過實踐，我們才能眞正理解。就像運動員必須持續訓練才能變得更強壯一樣，**我們也必須持之以恆地實踐，才能獲得真正的知識**。

以下這段話非常重要，我將用多種方式來表達，以確保你能充分理解含義。如果你有宗教信仰，我會說：你可以讓你的內在光芒照亮世界。如果你對物理科學感興趣，我會說：你可以喚醒你的太陽神經叢。如果你喜歡嚴謹的科學解釋，我會說：**你可以影響你的潛意識**。

我已經解釋了這種影響力會帶來什麼結果，現在你感興趣的應該是要如何實現它？你已了解到潛意識是具有智慧和創造力的，並且會對意識心靈作出反應。那麼，最自然的實現方式是什麼呢？就是集中你的精神，專注於你想要達成的目標。**專注的時候，你就是在影響你的潛意識**。

這不是唯一的方法，但是它既簡單又有效，也被視爲最直接的方式，因此被認爲是獲得最佳結果的最好途徑。這種方法能夠產生驚人的成果，以至於許多人認爲幾乎就像是奇蹟。

這種方法可以幫助偉大的發明家、金融家和政治家，將他們內心的願望、信念和信心等**無形的力量**，轉化爲現實世界中看得見、摸得著的**具體成果**。

潛意識是宇宙心智的一部分，既然宇宙能創造萬物，潛意識也有同樣的能力。這代表我們的創造力是無限的，不需要受到現有規則的限制，我們可以自由地發揮這種力量，不必遵循任何既定模式。

潛意識會根據意識的決定做出反應，這代表宇宙的無限創造力是可以被個人意識所控制和引導的。

當你實際運用這個原則，並按照後續課程所提供的指引進行練習時，請務必記住：你不需要預先規劃潛意識實現目標的具體方式，有限的個體無法指導無限的智慧。**你只需清楚地表達你想要的結果，不用說明該如何獲得這個結果。**

你本身就是一個途徑，透過你，尚未具體成形的事物可以轉化爲現實的存在，而這個過程是透過你的意志和認知而完成的。**只要你相信並期待著某件事情會發生，就能啓動一連串的因果關係。**因爲宇宙只能透過個體來行動，而個體也只能透過宇宙來行動；它們是一體的。

練習看看

本週的練習目標是，保持靜心狀態的同時，**盡可能地抑制所有的思緒，並且放鬆身體**，讓肌肉回復到正常狀態。這樣做可以幫助消除精神壓力，並減輕常常讓身體感到疲勞的緊張感。

放鬆身體是一種你可以自己控制的訓練。這樣的練習非常重要，有助於讓血液在你的大腦和身體之間自由地流動。當身體各部位都能夠得到充足的血液供應時，你會感覺到更加輕鬆。

緊張會讓我們感到心理不安和思緒混亂，還可能引發擔憂、煩惱、恐懼和焦慮。因此，要讓心理狀態獲得真正的自由，學會放鬆是非常重要的一件事。

盡可能地全心投入這次練習，要確定你能做到放鬆每一塊肌肉和每一條神經，直到你感到完全平靜，與自己和世界和平共處。

然後，你的太陽神經叢就會準備好隨時可以開始運作，你將會對結果感到驚訝。

Lesson 04 「內在世界」與「外在世界」

這堂課將會讓你明白：思想、行為與感受，無一不展現出你的真實本質。

思想是一種能量，而能量代表著力量。但歷來的宗教、科學與哲學，都著重於這種能量的外在表現，而非能量本身，導致我們往往只看到表象，而忽略或誤解了背後的根本原因。因此，在宗教中有上帝與魔鬼的區別，在科學界講究正負之分，在哲學領域則存在善與惡的對立。

然而這堂課不同於以往，我們即將深入探究這些現象的根本原因。根據其他人的反饋，他們做完練習之後已經發現只要能夠掌握這個根本原因，就能獲得健康、和諧、豐盛以及其他對幸福生活有益的必須條件，成果令人驚嘆。

生命是一連串的展現，我們的責任就是要以和諧且具有建設性的方式來展現自己。苦難、憂傷、不幸、疾病與貧窮並非無可避免，我們正在積極地一一消除這些負面因素。

但消除負面因素的方法不是與之對抗，而是超越它們，超越一切限制。一個思想單純且堅定的人，無需擔憂微生物的侵害；一個理解豐盛法則的人，必然能夠獲得充足的資源。

正因如此，命運、機遇與人生，都可以像船長掌舵、司機駕駛列車一般，穩穩地被我們掌控。

你常說的「我」，其實並不是你的肉體，肉體只是「我」用來達成目標的**工具**；「我」也不是心智，因爲心智同樣只是「我」運用的另一種**工具**，用來思考、推理與規劃。

真正的「我」應該是控制並指揮身體和大腦的「主人」。這個「主人」可以決定身體要做什麼，大腦要怎麼思考。當你眞正理解這個「我」的本質，將會體驗到前所未有的力量與主宰一切的感覺。

你的個性是由無數的個人特徵、特質、習慣和性格所組成，這些都是由你以往的思考模式形成的，但它們與眞正的「我」無關。

當你說「我在思考」時，實際上是「我」在指導心智應該思考什麼；當你說「我要去」時，也是「我」在告訴身體應該前往何處。**這個「我」的真正本質是「靈性」**，當人們眞正理解自己的眞實本性時，就能從「我」那裡獲得眞正的力量。

「我」所擁有最偉大、最神奇的力量，就是「思考的能力」，但很少有人知道該如何正確使用，所以他們常常只能獲得平庸的成就。大多數人的思考範圍僅限於一己之私，這是幼稚心態導致的必然結果。當一個人的心智成熟，他會意識到每個自私的念頭都可能會埋下失敗的種子。

有智慧的人會明白，每一筆交易都應該讓所有相關的人受益。如果只是試圖利用他人的弱點、無知或困境來謀取私利，這種短視近利的做法最終會對自己造成不利。

因爲我們每個人都是宇宙這個整體的一部分，一個部分不可能與另一部分對抗。相反地，**每一個宇宙整體中的個體都是禍福與共、相互依存的關係。**

理解這個道理的人，在生活中將會擁有無與倫比的優勢。他們不會讓自己累到筋疲力盡，能夠輕易排除雜亂無章的思緒。他們也很容易專注於任何主題，並取得最大成果。此外，他們不會把時間和金錢浪費在對自己沒有幫助的事情上。

如果你還做不到這些，是因爲你還沒有付出足夠的努力。只要現在開始願意努力，也能獲得這些優勢，而且所付出的努力與獲得的成果完全能夠成正比。**你可以運用這句正向肯定語來幫助強化意志力並且實現目標——我能成為我想成為的人。**

每當你重複這句肯定語，都要意識到**這個「我」究竟是誰？是什麼？**如果能夠做到這點，你將變得無懈可擊。當然，前提是你的目標必須具有建設性，並且與宇宙的創造法則和諧一致。

如果想讓這個肯定語發揮效果，就要持續不斷地使用它，不管白天、晚上還是任何時候，只要一想到就要重複這句話，直到它成為你思維的一部分，成為一種習慣。

除非你有決心想要好好完成一件事情，否則最好不要開始。現代心理學指出，**當我們開始做一件事卻沒有完成，或者設定好目標卻沒有堅持到底，就是在培養失敗的習慣**——一種絕對不光彩的失敗。所以，如果你並沒有打算全力以赴，就乾脆連開始都不要；但如果已經開始了，無論遇到什麼困難都應該堅持到底，就算天塌下來也要完成。假使你下定決心要做某事，那就去做，不要讓任何人事物干擾你。「我」既然已經決定了，代表那件事情就確定了；骰子已經丟出去，不再存有任何爭論的空間。

如果你想要實踐這個原則，可以從一些有把握的小事開始，然後逐步提高難度。過程中無論遇到什麼情況，都不要讓「我」被任何外在力量左右，**你會意識到最後真的能**

完全掌控自己。儘管無數男女都曾痛苦地發現：治理一個王國或許比管理自己還來得容易。

但是當你學會掌控自己，就像找到了「內在世界」的鑰匙，進而能夠操控「外在世界」。到那個時候，你將擁有無比強大的力量，幾乎不需要付出任何額外的努力，周遭人事物都會自然而然地回應你的想法和期待。

這或許聽起來有點奇怪甚至不可能發生，但是當你記住「內在世界」是由「我」所掌控，而這個「我」又與無限的「我」——宇宙能量或靈性（通常被稱爲「神」）互相連結時，就會明白這並不是虛構的理論，而是一個不容否認的眞理。

這不僅僅是單純爲了強調某種觀點而提出的主張，而是同時被宗教思想與科學研究所認可的事實。

英國哲學家赫伯特・斯賓塞（Herbert Spencer）曾說：「在我們周圍的所有神祕事物中，最確定不變的眞理是，我們始終存在於一個無限且永恆的能量之中，而且萬物皆源於此。」

神學家萊曼・阿伯特（Lyman Abbott）在一次演講中談

到：「我們開始相信，神並不是從外在影響我們，而是存在於每個人的內心。」

科學在探索的道路上走了一小段便止步了。科學發現了無所不在的永恆能量，而靈性則進一步探索這股能量背後的力量，並指出它存在於每個人的內在。不過這並不是什麼新發現，古代經典中其實已經清晰有力地闡述類似觀點：「難道你們不知道，你們就是承載生命之力的殿堂嗎？」這正是「內在世界」蘊藏著驚人創造力量的祕密所在。

這就是掌握力量的祕密關鍵。所謂「克制」並不是讓自己放棄一切，因爲自我否定並非成功之道。**唯有自己先擁有，我們才能付出；唯有自己夠強大，我們才能助人。**宇宙的能量源源不絕，而作爲宇宙無限力量延伸的我們，也不該處於匱乏之中。如果我們想對他人有所貢獻，就必須獲得力量——越強大越好。然而要獲得力量就必須先付出：**我們必須學會服務他人。**

我們付出越多，獲得的也會越多。我們必須成爲宇宙能量的流通管道，讓它得以發揮作用。宇宙不斷尋求各種展現自己、服務大衆，並且發揮最大能量、爲人類帶來最大福祉的方式。

假使過於沉溺個人計劃與目的，宇宙便無法透過我們展現它的力量。因此，我們應該讓感官平靜以尋求靈感，**專注聚焦於內在世界**，感受自己與宇宙全能力量的合一。有句話說「靜水流深」，當我們內心寧靜時，便能夠接觸到這股無所不在的能量帶來的無限可能。

在心中想像一下當你與靈性連結時，希望能夠顯化的事件、情況和條件。要知道，萬事萬物的本質都源於靈性，它才是真正存在的實相，是所有事物的生命核心。一旦靈性離去，生命也將隨之結束、滅亡，不復存在。

心智活動屬於我們的內在世界，也就是萬事萬物的「因」；而外在條件與境遇，則是由此而生的「果」。透過這個過程，你成了一位創造者。這是一項極其重要的工作──當你所能構思的理想越高遠、深刻、宏偉且具道德光輝，這項工作的意義與影響也就更加深遠。

過度工作、娛樂或任何形式的消耗身體，都會讓我們的心理狀態陷入麻木和停滯，使我們無法進行需要意識力量參與的重要內在工作。因此，我們應該經常尋找靜定身心的時刻。**真正的力量源自於靜默**，這種時刻我們的思考會更清晰，而**深思熟慮正是實現一切成就的關鍵**。

思想是一種能量，就像光和電一樣會隨著振動傳遞出去。它透過愛的法則從情感得到活力，並藉由成長法則展現出來。因爲思想源自於「我」內在的靈性，因此具有神聖、靈性和創造性的本質。

由此可見，若要讓思考發揮力量、實現豐盛，或是達成任何具有建設性的目標，都需要注入「情感」的力量，思想才會得到生命力而變得具體。但是要怎麼做到呢？這才是關鍵所在：**我們該如何培養實現成就的信念、勇氣與情感呢？**

答案是透過「練習」。無論是心智力量還是身體力量，獲得的方式都是透過練習。當我們第一次嘗試思考某件事可能會感到困難，但是第二次思考時就會稍微輕鬆一點，然後我們一次又一次地思考，最後就會變成一種心理習慣。我們持續思考相同的事物，直到變得越來越自然，最後甚至無法不去思考它。這個時候，**我們對自己的信念會變得堅定無疑，不再猶豫。**

練習看看

上週我建議你練習放鬆身體，這週我們將目標轉向心靈。如果你每天都按照上週的指示花 15 到 20 分鐘進行練習，應該已經能夠讓身體完全放鬆。如果還有人無法有意識、迅速且徹底地放鬆身體，就是還未完全掌控自己，仍然受制於各種條件，尚未獲得自由。我先假設你已經學會了，並準備好進行下一步——心靈的自由。

本週請找到一個你習慣而舒適的姿勢，藉由徹底放鬆來消除所有緊繃感，然後**在心裡「放下」所有負面情緒與不良狀態**，例如任何形式的憎恨、憤怒、憂慮、嫉妒、羨慕、悲傷、煩惱或失望。

你或許會說你無法「放下」這些，但其實你可以！只要下定決心，運用自發的意志力和毅力，你就能夠做到。

有些人無法做到，是因為被自己的情緒所控制，而不是由理智來主導。但那些願意讓理智引領自己的人，最終將會獲得勝利。第一次嘗試或許不會成功，但是熟能生巧——就像其他事物一樣。你必須堅定地擺脫、削減並徹底摧毀這些消極且具有破壞力的想法，因爲它們正是使各種困境不斷萌芽的種子。

我們的想法會直接影響周遭事物，這是無可辯駁的事實，就像自然法則一樣不可違背。這個「內在思想」與「外在境遇」互相影響的定律，自古以來就讓人們相信其中蘊含著特殊天意。

——溫曼斯（Wilmans）

Lesson 05 「現在」是過程的結果

在這堂課中，你將發現所有你能想到的力量、物體或現象，都是思考運作的結果。思考本身具有創造力，當今時代，人們的思考方式正以前所未有的方式創新。

因此，我們正處於一個充滿創造力的時代，世界也在用最豐厚的獎賞來回報那些思考者。與心智的動力、能量和力量相比，物質本身是無力的、被動的、呆滯的。心智是一種力量，它有能量，也具有驅動力。心智塑造並控制著物質，物質的每一種形態都是之前某個思想的具體表達。

然而，思考並不會帶來魔法般的變化，它遵循自然法則、驅動自然力量、釋放自然能量。這種能量會表現在你的行為和行動中，這些行為和行動反過來將影響你的朋友和熟人，最終影響你的整個生活環境。

你有能力產生思想，既然思想具有創造性，你便可以為自己創造出所渴望的事物。

我們的心理活動中，大約有九成都是在潛意識層面進行的。因此，如果沒有善用這股潛在心理力量，人們的生活範圍往往相對狹窄。

潛意識就像我們內建的超強問題解決者，只要我們懂得引導它，任何難題都能迎刃而解。潛意識時刻都在運作，問題是我們要當被動接受者，還是要當一個有意識的主導掌控者呢？我們是應該設定清楚的目標並朝著目標努力，還是只要隨波逐流，閃避風險呢？

我們發現，心念遍布身體各處，並且隨時都能受到來自客觀環境或自身主導心念的影響和引導。

我們的思想主導著整個身體，而這些思想很大一部分來自遺傳。遺傳是祖先在不同環境中的生活經驗，以及這些環境中激發的生命活力所留下的印記。理解這點很重要，因爲它幫我們注意到，發現自己身上有一些不好的特質時，可以利用自己的意志力來進行改善。

我們可以有意識地選擇利用自己身上所有好的特質，也可以壓抑和拒絕不良特質表現出來。

我們的心智受到多方面的影響：不僅有遺傳因素，家庭、工作和社交圈的環境也扮演著重要角色。在這些環境中，我們接收了許多訊息、想法和偏見，這些可能來自他人的意見、建議或是自己的內心思考。然而，我們常常未經深思熟慮就接受了這些想法，幾乎不會進行仔細的審視。

當一個想法看起來合理，我們的意識便會接受它，然後傳遞給潛意識。潛意識進而接納這個想法，透過交感神經系統將其傳遞到我們的身體，最後這個想法便會轉化爲實際的行動或現實，這個過程就是所謂的「道成肉身*」。

我們一直透過思考來塑造自己。沒錯！**我們今日的樣貌，就是過去想法的累積**。同樣地，我們現在的想法，也將形塑未來的樣貌。**吸引力法則**並不是單純地實現我們想要的、渴望的，或是他人擁有的事物。**它帶來的是我們「自己創造」出來的一切**，不管是透過意識或是潛意識的思考過程所形塑的結果。遺憾的是，許多人都是無意識地創造著自己的人生。

* 「話語已經成為肉身」（the word has become flesh）這句話源自《聖經》，意思是某個抽象的概念或想法最終在現實世界中具體化或實現了。在這個上下文中，它指的是一個想法從意識中被接受，然後透過潛意識和自主神經系統轉化為我們身體的具體現象或行動。簡單來說，就是一個想法變成了實際的行動或物質。

想像一下，如果我們要蓋一棟房子，一定會非常謹慎地挑選建材，仔細研究每個細節，只選擇最好的一切。但是，當我們要建造心靈的居所時，卻往往沒有同樣的細心和謹慎。要知道，心靈的居所比任何實體房屋都重要得多，因為我們**生命中的一切體驗都取決於心念的建構材料**。

我們的心念建材，到底是什麼組成的呢？正如之前提到的，它**來自過去累積的印記**，儲存在我們潛意識裡。如果這些印記充滿恐懼、擔憂、焦慮不安，或者充滿沮喪、負面、懷疑，那麼我們今天建構心念的材料，也會是同樣的負面質料。它不但沒有價值，反而會像發霉腐朽的材料一樣，只會帶給我們更多的辛苦、憂愁和焦慮。我們將永遠忙於修補它，試圖讓它看起來至少體面一些。

如果我們的潛意識中只儲存勇敢和樂觀的思想，並能立即拋棄所有消極的想法，不接受也不受其影響，那會怎樣呢？我們的心靈就像使用了最優質的建材，能夠隨心所欲地構建任何心念的形式，選擇任何喜歡的色彩。因為這種材料堅固而持久，不會褪色，讓我們對未來充滿了信心和無憂的勇氣。我們無需隱藏自己的缺點，也不需要修補任何漏洞。

這些都是心理學上的事實，關於思考模式的運作，既不是理論也不是猜測，更沒有任何祕密可言。事實上，它們如此簡單，每個人都能理解。我們需要做的就是像打掃房子一樣定期清理我們的內心，讓心理狀態保持清潔和健康，這樣每天都能處於最佳狀態。**如果我們想要進步，心理、道德和身體的潔淨都絕對必不可少。**

當我們完成心靈居所的大掃除後，留下的將會是一些健康和積極的心念材料。

這就好像繼承了一座豐饒的莊園，遼闊的土地上種植著豐收的作物，有清澈的流水和茂密的森林，一望無際。莊園裡還座落著一棟寬敞明亮的豪宅，裡面收藏著珍貴的畫作、藏書豐富的圖書館、豪華的壁毯，以及各種舒適奢侈的擺設。繼承人只要宣告他的繼承權，接管這座莊園，好好利用它就夠了。但他**不能放任莊園荒廢，使用才是保持繼承權的條件。如果他忽略了莊園的維護，就等於放棄了繼承權。**

在精神和心靈的領域裡，在實踐力量的範疇中，也存在著這麼一份豐厚遺產，而你正是繼承人！你可以宣告你的繼承權，接收並運用這份寶藏。這份遺產能帶給你駕馭外在環境的力量、健康、和諧與豐盛，就如同資產負債表上的財富一般。它為你提供平靜和安寧，**而你唯一需要付出的，就是學習和收穫其龐大資源的功夫**。它不需要任何犧牲，只要放下你的限制和軟弱，這份遺產會賦予你自尊，並為你送上權杖。

如果你想要獲得這片莊園，有三個過程是必需的：**❶真誠渴望擁有❷宣示繼承權❸佔有它並實際運用**。

要你接受的這些條件和需要做的事，其實並不會很難。

你可能已經了解一些遺傳學的基本概念。英國生物學家達爾文、赫胥黎和德國生物學家海克爾都提供了豐富的證據，證明**遺傳是生物進化的基本法則**。正是這種漸進的遺傳過程，使得人類得以直立行走，發展出諸如消化器官、血液循環系統、神經系統、肌肉力量及骨骼結構等複雜的生理功能。在心智方面，遺傳的影響同樣深遠，這些都構成了所謂的人類遺傳特質。

但有一種遺傳是生物科學家無法理解的，它比所有的研究成果都更深奧、更古老。當科學家們遇到無法解釋的現象而感到束手無策時，這種「**神聖遺傳**」就顯得格外重要。

這這股力量是一種仁慈而強大的創造力，負責創造最初的世界和生命。它源自神聖的領域，直接流入每一個生命體，啓動了生命，這是科學家從未做到也永遠無法做到的事。它在所有力量中位居最高位，無可匹敵，任何人類遺傳特性都無法與之相比，也無法達到這樣的高度。

無限的生命力在你體內流動，它與你合而為一。**開啓這股力量的門扉，正是運用構成你意識的各種能力**。保持這些門扉開放，就是掌握力量的祕密，既然這樣做會帶來好處，難道不值得努力一試嗎？

一個偉大的事實是：**所有生命和力量的泉源都來自於我們內在**。雖然人、環境和事件可能會帶來需求和機會，但真正解決問題的智慧、力量和能力，都能從我們的內在找到。

我們應該避免被表象所迷惑，將你的意識直接建立在來自無限泉源的力量之上，為你的意識建立堅固的基礎。

獲得這份遺產的人，再也不會像以前那樣了，而是整個人煥然一新，**意識到自己擁有了前所未有的力量感**，不再膽怯、軟弱、猶豫或恐懼。他們與無所不能的力量緊密相連，他們內在覺醒了一些東西，突然發現自己擁有**巨大卻未曾覺察的潛能**。

這股力量源自內在，但只有付出努力，我們才能接收到它。這就像繼承遺產一樣，必須積極使用它才能保有繼承權。我們每個人都是一條管道，將全能的力量轉化為具體的行動和成果。如果不付出，管道會堵塞，也就無法接收更多的力量。這一原則在生活的各個層面、所有努力的領域以及各行各業都成立。**付出越多，獲得的也就越多**。

比如，想要變得更強壯的運動員，必須不斷使用他已擁有的力量，不斷地訓練來增強實力。同樣，想要賺取更多資金的金融家，必須積極運用他手中的資金，利用投資來獲取更大的收益。

生意人如果不讓商品流通，很快會入不敷出；公司如果無法提供良好服務，顧客很快就會流失；律師如果無法替客戶達成目標，很快就會失去委託人，這個道理在任何地方都適用。力量取決於我們如何恰當地運用既有力量。在任何領域、任何生活體驗中，都遵循著這個眞理，也適用於所有人類已知力量的源頭——**精神力量**。失去了精神，還剩什麼？什麼都沒有。

如果精神是萬物之源，那麼要想展現所有力量，無論是身體、精神還是心靈的力量，都必須先認清這個事實。

想要獲得任何東西，都需要培養「累積心態」和「財富意識」。這就像魔法棒一樣，能幫助你接收想法、制定計劃去達成目標。而你會發現，執行計劃的過程和最終獲得成就的滿足感，同樣令人喜悅。

練習看看

現在，請回到你的房間，盡量坐在你之前靜坐的位置，保持相同的姿勢。然後閉上眼睛，用心挑選一個讓你感到愉悅的地方，在腦海中想像它的完整畫面，例如建築物、場所、樹木、朋友等，所有細節都盡可能地生動呈現。

剛開始練習時，你可能會發現自己的思緒很容易被其他雜事干擾，很難集中在你想要專注的事物上。但是不要灰心，持之以恆才是關鍵。**為了養成習慣，請務必每天堅持進行這些練習。**

Lesson 06 了解思考的運作機制

這堂課將深入介紹一種奇妙的運作機制，透過這項機制，你可以為自己達成健康、力量、成功和財富等各種願望。需求觸發行動，而行動則帶來結果。進化過程中不斷從我們的現在去形塑未來。個人發展，就如宇宙發展一樣，需要逐步進行，循序漸進提升能力和格局。

我們應該知道，侵犯他人權利將使我們在生活的各個階段遇到障礙，並成為道德上的阻礙。這告訴我們，成功依賴於遵循高尚的道德標準。

持續且穩定地保有希望、願景及和諧的人際關係，將帶來豐盛的果實。我們面臨的最大障礙往往來自錯誤和僵化的觀念。

為了與永恆的真理保持一致，我們內心需要保持平衡與和諧。在接收智慧之前，接收者必須與傳送者頻率一致。思想是心靈的產物，而心靈具有創造力。這不是說宇宙會改變其運作方式來迎合我們的想法，而是我們可以與宇宙建立和諧的關係。一旦達成這種和諧，我們就能索取一切應得之物，並且實現的道路也將變得更加清晰。

宇宙心智是如此神奇，它的實用性、發展潛能和產生效果的無限性，都讓人難以想像。

我們已了解**宇宙心智**包含了所有智慧與物質。那麼，如何在形式上區分這些元素，並實現我們想要的結果呢？

如果你詢問任何一位電器維修師傅關於電流的效果，他可能會告訴你：「電是一種流動的能量，作用取決於它所連接的裝置。」根據所連接的裝置不同，電力可以轉化為熱能、光源、動力或音樂等多種形式，這些都是這種神奇能量的不同利用方式。

思想能產生什麼樣的效果呢？答案是，思想就如同大腦運轉一樣（類似「風」是空氣流動現象的概念），其效果完全取決於「它所牽動的那個機制」。

因此，**心智力量的祕密就在於，它完全取決於我們所連接的心智狀態**（牽動的機制）。

這個「機制」到底是什麼呢？你或許知道愛迪生、貝爾與無線電之父馬可尼等電器奇才發明的機制，讓距離、空間和時間都變成只是個形容詞而已。但是，你有沒有想過，能轉化「宇宙全知全能潛在力量」的機制，是由一位比愛迪生更偉大的發明家所創造的？

我們習慣研究各種工具的機械運作原理，也試圖理解所駕駛的汽車構造，但許多人對於「人腦」這台史上最精密的「大腦機器」卻知之甚少。

讓我們研究這個「機制」的神奇之處，也許我們可以藉此更深入了解它所產生的各種效應。

我們存在於一個偉大的精神世界中，這個世界全能、全知且無所不在，會根據我們的目的和信念做出反應。我們的目標必須符合生存的規律，即具有創造性或建設性；同時，我們的信念必須堅定且強大，足以產生實際影響，從而實現這些目標。「**你的信念有多強，就能成就多少。**」這一說法是經得起科學驗證的。

我們與外界的互動和反應，其實就是我們的思考過程，而這一切都是由我們的大腦來完成，這真的很奇妙！無論你是否熱愛音樂、花卉、文學，或是受到古代或現代天才的思想啓發，只有當你的大腦能夠清楚地理解這些事物時，你才能真正欣賞它們的美。

自然界中的所有美德和原則，我們的大腦都能理解和表達。大腦就像一個未成型的世界，隨著需求不斷發展和變化。如果你能理解這是科學的事實，也是自然的規律，你就會更容易理解這些驚人的現象是如何形成的。

神經系統常被比喻爲一個電路，其中的電池組負責產生能量。在神經系統中，白質像絕緣電線一樣，負責將信號傳遞到身體的各個部分。透過這些精密的通道，**我們身體內的每一個衝動或願望都能有效地被傳遞至目標機制。**

脊髓是傳遞訊息的重要管道，就像高速公路一樣，讓大腦發送和接收指令。血液在靜脈和動脈中流動，就像運送養分的列車般，爲身體補充能量和維持體力。骨骼就像精心排列的支架，支撐著整個身體的重量。最後，皮膚就像美麗的衣裳，包裹著整個身體，又兼具保護的功用。

「生命的殿堂」指的是我們的身體，而每個人的「我」被賦予了對這個身體的控制權。**一個人對自己身體內部機制的理解程度，將直接影響我們能夠達成的結果。**

每個念頭都會啓動大腦細胞。一開始，念頭所針對的物質可能不會產生反應，但如果念頭**夠精煉、夠專注**，物質最終會屈服而開始有所反應，並完美地表現出來。

我們的心念可以影響身體的任何部位，並且能夠消除任何不想要的效果。

如果我們能夠透徹地理解和掌握心理世界的規律，在商業世界中將會受益無窮。因爲這能讓我們提升辨識能力，更清晰地理解和評價事實。

懂得向內尋找答案，而不是向外找的人，必然能夠利用自身強大的內在力量，掌控人生的方向。這種方法讓他們與所有最美好、最強大及最理想的事物產生共振。

如果你想提升自己的心智能力，專注力是非常重要的一個因素。**只要你能正確地引導自己的專注力，就能發揮出驚人的潛能**。成功的人士，不論男女，他們的共同特點是非常善於培養專注力，這正是他們達到卓越成就的關鍵。

專注的力量可以比作放大鏡，能將散落的能量集中起來。想像陽光灑落，如果不聚焦，熱量便會分散，效果不明顯。但是，一旦用放大鏡將陽光聚焦在一個點上，其威力便會迅速顯現。

思想的力量也是如此。**如果我們不斷地將注意力從一個想法轉移到另一個想法，那麼思想的力量就會被分散**，無法產生任何結果。但如果我們專注於一件事情，並持續投入一段時間，充分利用思想的力量，想要實現目標，就沒有什麼是不可能的。

有人或許會覺得這方法過於簡化，無法應對複雜的情況。如果你從未嘗試過真正的專注，不妨試試這個練習：選擇一個對象，將你的注意力集中在它上面，哪怕只有 10 分鐘。你會發現，這挺難的。你的思緒會不斷飄散，需要不停地被拉回到原來的目標上。**每當思緒飄走，你就失去了一次專注的機會。**時間一到，心裡感覺空空的，因爲你無法把你的思緒聚焦在目標上。

然而，透過專注力，才能讓你克服前進道路上出現的任何障礙。而**獲得這種神奇力量的唯一方法就是不斷練習。**正如俗話所說，熟能生巧，在專注力方面也是如此。

練習看看

爲了增強你的專注力，請帶一張照片到跟之前一樣的房間、同樣的位置、同樣的座位上。仔細觀察這張照片至少 10 分鐘。專注觀察照片中人物的眼神表情、臉部特徵與輪廓、穿著和頭髮梳理的方式等所有細節。觀察完之後，蓋上照片，閉上眼睛，嘗試在腦海中重現這張照片的每一個細節。如果你能完美地回憶起所有細節，形成一個清晰的心理影像，那麼恭喜你！如果做不到，就重複這個練習，直到成功爲止。

這個步驟只是爲了準備土壤；下週我們就可以播種了！

進行這些練習，你最終將能夠**控制自己的情緒、心態和意識**。

傑出的金融家越來越懂得遠離喧囂，以便騰出更多時間來制定計劃、深思熟慮以及調整自己的心理情緒。

成功的商人不斷證明，與其他成功的商人保持互動是有利可圖的。這樣做可以讓他們互相學習經驗和策略，同時也有助於開拓更多的商業機會和資源。

一個好點子可能價值數百萬美元，而這些點子只會出現在那些思想開放、隨時準備接受和抱持成功心態的人身上。

人們正在學習如何與宇宙心靈和諧共處：他們正在學習萬物一體的道理；他們正在學習基本的思維方法和原則，這些學習改變了他們的生活條件，並且事半功倍。

人們發現，隨著心靈和精神的進步，處境也會跟著改變。他們意識到獲得知識後會有成長，靈感激發後會促進行動，洞察後機會隨之而來。總之，**一切都是從精神開始，最終轉化成無限可能的成就**。

每個人都是宇宙展現無限潛能的途徑，因此我們所擁有的可能性是無限的。

思想是吸收力量精華的管道，讓我們將力量的意念留在內在，直到融入日常意識之中。只要持之以恆地練習一些基本原則，我們就能掌握開啟宇宙真理寶庫的鑰匙。

人類當前面臨的兩大苦難是**身體疾病**和**精神焦慮**，這些問題根源多半是因爲違背了自然法則。過去由於知識不完整，加劇了這些問題，但隨著時間進展，長期積累的無知和誤解正在被正確的新知識所取代，因此，許多苦難也將逐漸消逝。

一個人可以改變自己、提升自己、重新塑造自己、控制自己的環境，並掌握自己的命運。這是每一個了解到正確思想在積極行動中所具有力量的人的共同結論。

——拉爾森（Larson）

Lesson 07 進行視覺化，並實現它

從古至今，人類一直相信有股無形的力量，創造了一切並賦予萬物新生。我們可以將這種力量人格化，稱之為「神」，或將其視為滲透一切事物的本質。無論如何，最終的概念是一樣的。對個人而言，客觀的、物質的、可見的都是個體層面，屬於感官能夠認知的範疇，涵蓋身體、大腦及神經系統。而主觀的則是屬於精神的、無形的、非個人化的。

有意識的人因擁有獨特性格而能感知自己的存在，與此相對，如潛意識這樣的非個人化存在，由於本質上與其他事物相同，因此缺乏自我意識。有意識的人可以透過自己的意志和選擇來解決問題，而精神與靈性，作為所有力量的源頭，雖無法自行做出選擇，卻擁有無限的可能性，能用我們難以想像的方式影響世界。

因此，你可以選擇依賴能力有限且可能充滿誤解的思維，或者選擇透過潛意識來運用那無窮的潛力，正如科學所指示的那樣。如果你能理解、欣賞並認識到這種力量，你將能夠掌握這種不可思議的能力。

這堂課將介紹如何有意識地運用這種全能力量的方法。

視覺化是在腦海中創建心理圖像的過程，這些圖像像是一個模具，形塑出你未來發展的樣貌。

讓這個心理模具既清晰又美麗。不要害怕，盡情設計出宏偉的藍圖：記住，**除了你自己，沒有人可以限制你**。你在資金或材料上都沒有任何限制，所以大膽地向無限的資源求助，發揮你的想像力去建構它。在這個想法成爲現實之前，首先需要在你的心中成形。

將心像清晰地勾勒出來，並牢記在腦海中，你將逐漸而持續地將事物吸引到身邊。**你將成為你想成為的那個人**。

這是一個衆所皆知的心理學事實，但遺憾的是，僅僅理解這個事實，並不能幫助你實現所想要的結果，甚至幫不了你形成心像，更不用說讓它顯化成眞了。要實現這些，需要付出努力——特別是需要勤奮的**心理勞動**。這種需要動腦筋並投入心力的努力，正是許多人不願意付出的。

實現目標的第一步是理想化，也是最重要的一步，因為它是接下來所有行動的藍圖。理想目標必須堅定且持久，就像建築師在規劃摩天大樓時，會事先描繪好所有線條和細節；工程師在建造跨越峽谷的橋梁之前，也會先計算所有零件的承重需求。

他們能在未採取行動前，就預見最終結果。因此，你需要在心中先勾勒出你想要的結果，就像播種前先確定能收穫什麼作物一樣，這個過程稱爲理想化。如果你還不確定自己想要什麼，就每天重新思考，直到你心中的藍圖變得清晰。

起初，計劃可能看起來模模糊糊，但隨著時間推移，它的輪廓和細節會逐漸清晰起來。你將逐步培養出把計劃付諸實踐的能力，最終能在現實世界中實現這些計劃，並預見它們將爲你帶來的成果。

第二步是視覺化。在這個階段，你需要在腦海中描繪出一個越來越完整的畫面，並關注每一個細節。隨著這些細節依次浮現，實現目標的具體方法和步驟也會逐漸形成，一步將帶來下一步：想法會引導行動，行動會產生方法，方法會吸引志同道的人過來，這些人則會創造出新的機會。**所有這些陸續整合，最終使你完成目標的實現，也就是第三步。**

我們都知道，在形成物質世界之前，宇宙已在「構思」階段成形。同理，如果我們效仿宇宙這位偉大建築師，對於目標深思熟慮，我們的想法也能成眞，正如宇宙從概念轉變爲具體形式一樣。這是因爲運作在萬物之中的是同一個心智，其本質相同，只是表現的程度不同。

建築師在設計建築時，會先在腦海中描繪出建築的樣子，就像他最後所希望看到的那樣。他的想法像是一個模子，未來的建築會依此成形。不管是高大還是低矮，美觀還是樸實，建築師的願景都先會在紙上勾勒，最後工人們會使用必要的材料，將建築師的**夢想變為現實**。

發明家也會用類似的方式將他的想法視覺化。以機械工程師尼古拉・特斯拉（Nikola Tesla）爲例，這位歷史上的偉大發明家在動手製作前，總是先在心中完整地構思出來。他不會急於製作模型，而是先在想像中建構並讓創意更臻於完善，不斷調整和改進。他曾在雜誌《電氣實驗者》（Electrical Experimenter）中表示，這種方法讓他能夠在不需實際操作的情況下，迅速發展和完善概念。只有在對發明已經進行了所有可能的改進並確認無誤後，他才會開始實際製作。特斯拉自己說，這種方法讓他在二十年的發明生涯中，裝置總能如預期般運作，從未出錯。

如果你認眞遵循這些指導原則，就會逐漸培養出堅定的信念，對於希望實現的事情有一種不可動搖的信心：**即使這些事還未發生，你也深信它們終將實現**。你的信心足以讓你勇於面對困難，堅持到底；同時，你的**專注力也會增強**，使你能專注於與目標相關的思考，排除其他不相干的雜念。

「思想成形」是宇宙的法則，只有懂得如何成爲**自己思想的「神聖思考者」**，才能站在大師的位置，掌握主導權並受到他人尊重。

要讓心中的想法變得清晰明確，你需要**不斷地在腦海中重複想像這些畫面**，每次重複都會使畫面更加精準。這些**畫面的清晰度和精確度將直接影響你在現實世界中的表現**。因此，你必須在內心世界中穩固地建立這些想法，才能在現實中實現它們。

你心中想要實現的影像，將由無數的無形心理活動和思緒構成，就像無數的心智工作者在你大腦中默默地工作一樣，逐步將這些想法轉化成具體的形式。

想想看！你的大腦擁有超過五百萬個「心智工作者」隨時活躍運作，這些就是我們熟知的**腦細胞**。除此之外，大腦還擁有數量相當的後備力量，若有需要隨時可以被啓動。因此，你的思考力幾乎是無限的，這也表示你創造出實現夢想所需素材的能力也近乎無限。

除了數百萬個心智工作者之外，你身體裡還有數以億計的「心智細胞」，也就是我們的**身體細胞**。每個細胞都具有一定的智慧，可以理解並執行你傳遞的任何訊息。這些細胞除了維持身體機能、建構和重塑身體之外，還具備一種「心靈活動」的能力，可以吸引周遭物質來維持自身的完美運作。

所有生物都遵循相同的自然法則來獲取所需的生長資源。橡樹、玫瑰、百合花都需要特定的營養和條件才能達到最佳生長狀態，這些植物根據自身的需求，透過一種無聲的方式，運用**自然界的吸引力法則**來吸引所需的資源，這是它們獲得完美自我實現所需養分的方式。

心懷清晰、明確、完美的理想藍圖，並堅定不移地抱持信念，實現的方法和途徑會逐步浮現。就像需求會引導供應一樣，你將會在**正確的時間點、以正確的方式去做正確的事**。

在這個過程中，強烈的**渴望**會激發出充滿信心的**期待**，這種期待又會被堅定的**需求**所強化。這三者——渴望、期待和需求的結合，將引領你達成目標。正如我們之前所見，感覺為想法注入活力，意志堅定地支持想法，直到「成長法則」讓它顯化成現實。

不是很神奇嗎？人類擁有如此巨大的內在力量，眞是超乎想像。我們從小到大都被教導要向外尋求力量，卻往往忽略了內心的力量。當這種力量在我們的生活中顯現時，又會被告知它是超自然的力量。

許多人已意識到內在力量的「神」，認眞努力地追求健康和財富等目標，但常常未能如願以償。這是因爲他們過於關注外在事物，追逐金錢和權力，卻沒有意識到這些都是內在因素所產生的結果。

不去理會外在世界，專注於追尋眞理和智慧的人，將會發現這種智慧成爲了所有力量的來源。這股力量將在他們的思想和目標中顯現，並進一步幫助他們創造出所渴望的外部條件。**眞正的力量來自於崇高的目標和勇敢的行動。**

只要專注於創造理想，不用去管外在的狀況。**讓內在世界變得美好豐盛，外在世界就會自然而然地反映你內在的狀態。**你會逐漸覺察到自己創造理想的能力，這些理想將會投射到你生活的現實世界中。

舉個例子，一個人背負債務，他的腦子裡會不停地想著債務這件事，注意力完全集中在上面。由於思想會帶來結果，他不僅沒有擺脫債務，反而會創造出更多的債務。他無意間啓動了**「吸引力法則」**，卻得到了意料之中的負面結果：**負債感只會帶來更多的「負債」**。

那麼，什麼是正確的原則呢？答案是：**專注於你「想要的」事物，而不是你「不想要的」**。多想想豐盛的事物，想像一下如果你遵循豐盛的法則來行動和計劃，會發生什麼事。再進一步想像，如果眞的按照這樣做，你的生活將會變成什麼樣子。

既然這個法則會讓充滿匱乏與恐懼想法的人，持續陷入貧窮、匱乏和各種限制，那麼同樣地，這個法則也會讓充滿勇氣和力量的人獲得豐盛與富足。

很多人都會遇到這個難題：**我們過於焦慮**，結果顯化出來的都是焦慮、恐懼和不安。我們急於求成、想要幫忙，就像小孩子播下種子後，每 15 分鐘就去翻攪泥土，想看看有沒有發芽。當然，在這種情況下種子永遠不會發芽，然而許多人對待自己的想法正是如此。

我們應當像種植種子般，**讓想法自然生長，不做干擾**。這並不代表我們什麼也不做，只是坐著等待。事實上，我們會投入更多精力做得更好。將會有新的機會出現，新的大門也將爲我們開啓。我們所需做的，就是**保持開放的心**

態，隨時準備好抓住機會，並在適當的時候採取行動。

思想力是掌握知識的最強大工具，只要集中精力於任一主題，便能找到解決之道。人類的理解能力是無限的，但**若要馴服這份力量，讓它服從於你，則必須付出努力。**

記住，思想是點燃創造力和驅動命運輪轉的火花。你的經歷和未來的走向，都取決你的思想。

靜下心來問自己幾個問題，然後真誠地等待內心的回答：**你是否曾經感受過內在的自我指引你？你是遵從自己的想法，還是隨波逐流，跟著別人走？**請記住，大多數人都是被別人引導，他們從來不會主導。想想看，過去人們大多反對蒸汽機、動力織布機等任何進步的發明，不正是同樣的情況嗎？

練習看看

本週的練習：請**視覺化**一位朋友，想像一下上次見到他的場景——清楚地勾勒出他的外貌、周圍的空間擺設，回想你們的對話。現在，將焦點放在他的臉上，想像你們正在討論一個共同感興趣的話題，觀察他的表情變化，特別是當他笑的時候。接著，想像自己在講述一個冒險故事給他聽，注意他的眼睛是否因興奮而散發光芒。能夠做到這些嗎？如果可以，表示你的**想像力**很棒，進步非常多！

Lesson 08 思想創造一切

你可以自由選擇想法，但是這些想法的結果卻是依照一個不變的法則運行的！這不是很令人安心嗎？知道我們的人生並不是隨機或無常的，而是有固定原則可以遵循，這豈不是太棒了？這種穩定性就是我們的機會，因為只要遵循法則，就能準確得到我們所期望的結果。正是這個法則讓宇宙保持和諧有序；如果沒有它，整個宇宙將會變得一片混亂。

同時這也解釋了好與壞的根本原因，無論是過去、現在還是未來。例如：想法會引發行動，如果你的想法具有建設性，那麼結果自然會是好的；如果你的想法具有破壞性，那結果就會差強人意。

這項原則的影響力與重要性，在追求相似理想但採取不同心態的人之間，可以觀察到極大差別。有些人專注於追求美好事物，因而過著和諧安寧的生活；另外一些人同樣真誠地追求理想，卻一心反對他所認為的錯誤，結果經常陷入持續的緊張與衝突之中。

這樣的比較清楚顯示了思維的力量：建設性的思考使我們與自然法則協調一致，帶來和諧；破壞性的思考即使立意良善，也往往會擾亂內心與外在的平靜。

因此，我們應避免心生憎恨——即使面對看似「壞」的事物也不例外。因為憎恨具有破壞性的本質，一旦我們習慣消極思維模式，就像播下了一顆「風」的種子，終將收穫一場「風暴」。

思想蘊含著強大的生命力，因爲它是宇宙創造萬物的根本原則，同時也具有自然吸引力和結合類似思想的特性。

既然生命的唯一目的是成長和進步，那麼所有存在的法則都必須幫助我們實現這一目標。因此，思想會具體化，而成長的法則最終會使其成果顯現出來。

雖然我們可以自由選擇自己的想法，但這些想法引發的後果卻受到一些不變法則的制約。如果你長期保有某種思維模式，這種模式將不可避免地影響你的性格、健康和生活環境。因此，用積極正向的思維取代消極負面的思維習慣，是非常重要的。

我們都知道，控制思考習慣並不容易。但眼前可以做到的方法，就是**立刻開始用積極的思想來取代消極的思維**。養成分析每一個念頭的習慣非常重要。**評估這個思想是否有益，是否能在現實世界中對你有利，也對其他人產生正面影響**。如果是，就應該保留並珍惜。因爲這樣的思想是有價値的，它與無限的和諧共振，並能夠持續成長，結出豐碩的果實。另一方面，也請記住勵志作家亞當斯（George Matthew Adams）的忠告：「**學會關上門，不讓任何無益的事物侵入你的思維、辦公室或內心世界。**」

回顧過去，如果你曾經有過批判性或破壞性的想法，造成了人際關係的衝突，那麼你可能需要調整心態，培養更積極、有建設性的思考方式。

想像力是你走向成功的一大助力；培養想像力，讓理想得以實現，精彩的未來將由此展開。

想像力幫我們收集和編織打造未來所需的各種材料。

想像力是我們探索新思想和新體驗的一道光，它照亮了我們認識和體驗未知世界的路徑。

想像力是強大的工具，幫助每一位探險家和發明家，突破以往的限制，開創新的經驗。**過去的經驗說：「這不可能做到。」但想像力說：「這已經做到了。」**

想像力是一種具有可塑性的力量，能夠將感官所感知的事物轉化爲新的形式和理想。

想像力是行動之前不可或缺的建設性思考模式。

在打造任何建築之前，建築師必須先運用想像力繪製設計圖，才能讓建築工程師依照圖面建造出各種結構。

企業家在建立龐大的企業帝國之前，必須先在腦海中想像好整個公司運作的模式，如何協調旗下眾多分公司和員工、運用龐大的資金，才能將想法化爲現實。物質世界就好比陶土在陶藝家手中，眞正偉大的事物都源於想像力，而**鍛鍊想像力就像鍛鍊肌肉一樣重要**，需要不斷練習才能茁壯成長。

別把想像力和白日夢混為一談。白日夢是一種消磨精神的行爲，有時甚至可能帶來精神上的災難。

「**有建設性的想像力**」代表著用心思考，有些人認爲它是**所有勞動中最辛苦的一種**。但如果眞是這樣，那它也會**帶來最大的回報**。所有偉大的事物，都是源自於能思考、想像，並且讓夢想成眞的男男女女。

當你完全意識到心靈是一切創造的根源，並且具有無所不能、無所不知、無所不在的能力時，你就會理解到，透過思考的力量與宇宙中的無限能量和諧相處是有可能的，這也表示你已經向正確的道路邁進了一大步了。

爲了接收這股能量，請做好準備。**它無所不在，包含你的內在**。然而，這種力量需要開發、釋放和培養。想實現這一點，我們需要擁有開放的心態，就像鍛鍊肌肉一樣，這種心態是可以透過練習培養的。

絕對沒錯！**吸引力法則**會根據你的習慣、特質和主要心態，爲你帶來相應的條件、環境和生活經歷。**最重要的是你的主要心態**，不是偶爾在教堂或剛讀了本好書之後突然冒出的念頭，而是你**「經常性」的想法**。

你不能每天花 10 個小時沉浸在脆弱、有害、消極的想法中，然後期望只用 10 分鐘的堅強、積極、創造性思考來扭轉局面，創出美好、強大及和諧的生活，那是不可能的。

眞正的力量來自內在。每個人都擁有無限的力量，只是需要我們去**認識它、肯定它，並將它融入自己的意識中**，才能讓它顯化出來。

很多人都說他們渴望豐盛的人生，這確實是眞的。然而，許多人誤解了豐盛人生的意義。他們認爲只要鍛鍊肌肉、學習呼吸技巧、遵循特定飲食方式、每天喝定量特定溫度的水、避免吹到冷風，就能得到想要的豐盛人生。但這些方法的效果通常很有限。

眞正的方法是，當人們**覺醒並意識到自己與所有生命都是一體的**，他們就會發現自己擁有清晰的目光、輕盈的步伐、充沛的活力；他們會發現自己找到了所有力量的泉源。

所有錯誤都來自於無知。唯有獲取知識、累積力量，才能眞正地成長和進化。理解和應用知識就是力量的展現，而這種力量蘊藏於精神層面，是宇宙根本能量的核心，也是宇宙靈魂的體現。

人類的知識來自思考能力，因此思考可以說是人類意識進化的起點。當人們停止追求新想法和理想時，他們的內在力量會逐漸消逝，這種變化也會反映在他們的臉部表情上，正所謂「相由心生」。

成功人士會設定理想的目標，並時刻思考實現目標的下一步要做什麼。思想就像建築的材料，想像力則是他們的「心智工作室」。心智就像源源不絕的動力，幫助他們找到適合的人事物來搭建成功的藍圖，而想像力則是創造偉大發明和事物的「模具」。

只要你一直堅持你的理想，當實現它們的機會來臨時，你會自然地感受到一種內在的召喚。**結果將取決於你對理想的忠誠度**。始終堅定地抱持你的理想，就會自然地吸引到實現這些目標所需的機會。

只要這樣做，你就能用精神和力量為你整個生命織就一件外衣，讓人生充滿幸運，永遠免於遭受傷害。同時，你也能成為一股**積極正面的力量，吸引豐盛與和諧的條件來到你身邊**。

當前這股思潮，正如同發酵的酵母一般，悄悄地但是持續地改變著人們的整體意識。這種觀念的轉變，正是當前社會出現各種動盪局勢的重要原因之一。

練習看看

上週，你練習將想像中的事物具體化。這週，我希望你挑選一個物件，**深入探索它的起源**，了解它是由什麼組成的。透過這個過程，你可以增進想像力、洞察力、觀察力和判斷力。這些能力不是靠大多數人膚淺的觀察就能獲得，而是**需要敏銳的分析力，去看清楚事物的本質**。

只有少數人知道，他們所**看到的一切只是結果**，並理解產生這些結果的原因。

想像一艘巨大的戰艦，它漂浮在海面上。周圍一片寂靜，彷彿沒有任何生命跡象。你知道這艘戰艦的絕大部分隱藏在水下，無法窺見。它的體積和重量堪比一座 20 層的摩天大樓。數百名訓練有素的水手隨時準備執行命令。每個部門都由經驗豐富、能力出衆的官兵負責指揮。這艘戰艦看似對周圍的一切漠不關心，但它卻擁有能夠監控數英里範圍的精密雷達，任何風吹草動都逃不過。它看似安靜、溫順、毫無威脅，但卻能夠向數英里外的敵人發射數千磅重的鋼鐵炮彈。這些，你都能輕易想像。然而，你是否思考過，這艘戰艦是如何到達它現在的位置的？它最初是如何建造出來的？如果你是一位善於思考的人，一定會對這些問題充滿好奇。

一艘巨大的戰艦，由無數鋼板組成。追溯這些鋼板的來源，我們會看到它們經過了鑄造廠的生產線，數千名工人參與了它們的製造。再往回追溯，我們會看到這些鋼板的原材料來自礦石，這些礦石被從礦井中挖掘出來，運送到鑄造廠。再往前追溯，我們會看到設計這艘戰艦的建築師和工程師，他們制定了詳細的計劃。繼續追溯，我們會發現這艘戰艦的建造是出於戰爭的需要，因此需要國防部長的命令和國會的撥款。而國會議員代表的是人民，也就是我們。最終，我們會發現，這艘戰艦的建造是**人類思想的產物**。如果沒有人發現某項自然法則，讓這個龐然大物能夠浮在水面上而不是沉入海底，那麼這艘戰艦根本就不可能會存在。

這個自然法則叫做「比重」，指的是任何物質的重量與同等體積的水的重量之比。正是因爲發現了這條法則，戰艦、航空母艦和郵輪等大型船舶的建造才得以實現。

這個練習非常有價值。當我們學會**深度觀察事物**時，一切都會呈現出不同的面貌。原本不重要的東西變得重要了，原本無趣的東西變得有趣了。我們**原本認為無關緊要的事物，現在看來才是真正重要的**。

專注當下這一天

因為它是生命，是生命的真諦。

在它短暫的過程中，蘊含著你存在的所有真理和現實：

有成長的幸福；

有行動的榮耀；

有美麗的燦爛輝煌；

過去不過是一場夢，

未來只是一個想像的遠景。

但是，若能好好活在當下這一天，

昨天就將成為一個幸福的回憶，

明天就將化作一個充滿希望的願景。

所以，請好好珍視這一天！

——源自梵文

Lesson 09 肯定語句的應用法

在這堂課中，你將學習如何創造實現夢想的方法。

若想改變現狀，首先必須改變自己。你的怪念頭、願景、幻想及抱負所要走的每一步可能面臨許多阻礙，但你內心的真實想法終將如種子般發芽。

那麼，如何才能改變現狀呢？方法其實很簡單：就是遵循成長的自然規律。無論是在思想層面還是物質世界，因果律都是永恆不變的。只要想像並堅信你所希望的狀態已經成真，你就能感受到堅定信念的力量。透過不斷重複正面的肯定，這些想法會漸漸成為你的一部分，幫助你變成理想中的自己。

性格的形成不是偶然的，而是持續努力的結果。如果你常感到膽怯、猶豫不決、過度自我或是經常焦慮和害怕，請記住這個心理學原則：「兩種截然不同的東西不能同時存在於同一個地方」。你只需要將恐懼和限制性的思維替換成勇氣、力量、自信和自立的思維即可。

最簡單且自然的做法是選擇一句符合當前情況的正面肯定語句。正面思維能夠有效消除消極想法，其效果就像光明驅散黑暗一樣明顯。請記住，你的行為反映了你的思想，而你的環境則是你行為的直接結果。因此，你手中永遠握有塑造和毀壞自我的工具，喜悅或痛苦全然取決於你自身的所作所為。

在「外在世界」中，人們所能夢寐以求的事物不外乎三種，而這些都可以在「內在世界」裡找到。要找到它們的方法很簡單，**只需正確應用「連結機制」，就能接觸到每個人都能夠運用的全能力量。**

人人都渴望健康、財富和愛，這三者是達到人類自我實現和完全發展的必要條件。**健康**是基本需求，如果身體處於痛苦之中，就無法感到幸福。至於**財富**，不是所有人都會立即認同它的必需性，但每個人都至少需要足夠的物質保障。對某些人來說可能足夠的資源，對另一些人則可能是極端的匱乏。自然界提供的不僅僅是足夠的資源，還有豐富、過剩和奢侈的資源。我們應該意識到，任何匱乏都只是人為分配方式不均所造成的。

多數人認同**愛**是人類幸福的必需品，有人甚至認為是第一必需品。無論如何，擁有健康、財富和愛的人，除了這些，沒有其他東西能使他們更加幸福。

我們已經發現，宇宙提供的物質包括**「全面的健康」**、

「充足的物質」和「無限的愛」。而我們與這些無限資源連接的關鍵在於我們的**思考方式**。因此，正確的思考方式可以讓我們進入「至高無上的祕密之地」。

我們應該思考什麼呢？答案是：**我們應該思考如何與「我們所渴望的一切事物」建立連結**。這種連結的建立機制看似簡單，但實際上是一把「成功之鑰」，也可說是「阿拉丁神燈」，是通往幸福安康的門票，也是行善的絕對法則。

要思考得正確，我們首先需要認識到「**真理**」的重要性。眞理是一切商業與社會關係的核心原則，也是採取正確行動的基礎。對眞理的理解與信仰能帶來無與倫比的滿足感。在這個充滿疑惑、衝突與危機的世界中提供一個堅實的基礎。

認識眞理意味著與無限的全能力量和諧共處。因此，了解眞理等於是將自己和一種無法抵抗的力量連結，這股力量能消除所有不和諧、混亂和疑惑等錯誤。因爲「眞理」具有巨大的力量，最終將戰勝一切。

即使是最平凡的智慧，只要知道行動是**基於真理**，就能輕易預見結果。即使是最偉大的智慧、最深邃和敏銳的心靈，如果建立在虛假的前提之上，也會無助地迷失方向，無法形成任何明確的結果。

任何**違反真理**的行爲，不管是出於無知還是故意的，都必然導致不和諧的局面，並且根據行爲的範圍與嚴重程度，最終都會帶來損失。

那麼，我們應該如何了解眞理，以便運用這個將我們與無限力量互相連結的機制呢？

如果了解宇宙眞理的核心其實無所不在，便能避免許多錯誤。追求健康的關鍵，是**認知到我們內在的靈性本我，與宇宙萬物的靈性合為一體**。這種認知有助於促進健康，因爲我們體內的每個細胞都會反映出我們所理解的眞理。若專注於疾病，細胞就會呈現疾病狀態；倘若確信自己完美無瑕，細胞自然展現完美的模樣。

透過重複肯定語句如「我是完整的、完美的、強壯的、充滿愛的、和諧的、快樂的」，**就能創造出和諧的狀態**。這些肯定語句符合眞理，當眞理被顯現時，錯誤與不和諧將自然消失。

當你已經明白了自己的本質是屬於靈性的，所以你自然而然是完美的。因此，當你說「我是完整的、完美的、強大的、有力的、充樂愛的、和諧的、快樂的」這些肯定的話，這並不是隨便說說，而是一種很精確的科學陳述。

「思想」本質上是一種靈性的行為，而靈性本身具有創造力。因此，當你有某個想法的時候，你會自然而然地創造出一個和這個想法相符合的環境或狀況。

如果你想要財富，首先要意識到：你的內在自我與全能的宇宙心靈是一體的，這將有助於啓動**吸引力法則**。這個法則會讓你與有利於成功、創造力和豐盛的能量產生共振。你的成功程度，將直接取決於你的肯定語句和目標，是否與這些力量相符合。

想像力是我們實現目標的橋梁。想像和看見是全然不同的兩種過程。看見是客觀的屬於客觀的物質世界，而**想像是主觀的心靈領域**。因此，想像力蘊含生命的動能，它會不斷成長，最終會在現實中顯現出來。這個過程是完美的，由造物主設計。不過，操作這一過程的人有時可能因缺乏經驗遇到困難，但只要肯動起來實踐，一切障礙終能克服。

如果你渴望得到愛，首先要認識**得到愛的唯一方法是先付出愛**。你給予的愛越多，收穫的愛也會越多。而要給予愛的方式，就是讓自己充滿愛，直到你變成一個吸引愛的磁鐵。具體做法將在Lesson 12詳細解釋。

能將偉大的靈性眞理融入日常生活細節的人，已經掌握了解決問題的祕訣。當一個人接觸到偉大的思想、重大事件、壯闊的自然景觀及傑出人物時，感知會變得更加敏銳，思考也更加深入。據說，接近林肯的人會有如同身處山脈之中的感覺，這種感覺在人們意識到自己與永恆事物——也就是**真理的力量**——相連接時，表現得最爲強烈。

能將聽到的這些原則在生活中付諸實踐，並驗證其有效性的過來人經歷，有時會帶來更多啓發。以下用安德魯斯（Frederick Andrews）的一封信當作例子：

在我約十三歲時，已故的T. W. Marsee博士對我母親說過這樣的話：「安德魯斯夫人，您的兒子已經無法康復了。我曾經也經歷過同樣的悲痛，儘管我盡了全力爲我的孩子治療，但最終還是失敗了。我特別研究過這種疾病，我知道您的兒子不可能痊癒。」

母親轉身問醫生：「如果他是你的孩子，你會怎麼做？」醫生堅定地回答：「我會竭盡全力，直到生命最後一刻，爲他奮戰到底！」

這段漫長的抗戰才剛剛開始，經歷了許多起起伏伏，所有醫生都認爲沒有治癒的希望，儘管他們盡心力鼓勵和支持我們。

但是在最後，勝利到來了！我從一個矮小、扭曲、畸形、只能用雙手雙膝爬行的殘疾人士，蛻變爲一個強壯、挺拔、身材健碩的男人。

好吧，我知道你很想知道這個祕訣。我將盡快簡潔地告訴你。

我為自己制定了一個肯定語，寫下我最渴望擁有的特質。一遍遍地對自己重複：「我完整無缺、完美無瑕、強壯有力、充滿愛心、和諧安寧、快樂幸福。」我持續不斷地重複這個肯定語，始終如一，永不改變，甚至半夜醒來，發現自己在默念它。這句話成爲了我每晚睡前最後的一句話，以及每早醒來的第一句話。

我不僅認爲這些肯定語對我有幫助，也相信它們能幫助所有需要的人。我想強調的是，無論你希望自己擁有什麼樣的特質，也應該給予他人同樣的正面肯定。這種相互肯定的做法將對雙方都產生積極的影響。**我們會收穫自己所播種的果實**，如果我們散播愛和健康的思想，這些正能量會回到我們身邊；反之，如果我們散布恐懼、擔憂、嫉妒、憤怒、仇恨等負面思想，那麼我們的生活也將體驗這些負面的結果。

以前的人說，人體每七年會完全更新一次，但現在有科學家指出，我們的身體實際上每十一個月就會完全重建一次，這表示我們其實只有十一個月大。如果我們年復一年地在身體中累積不好的習慣，那也只能怪自己囉！

我們是自己思想的產物，既然這樣，要**如何只留住好想法，趕走壞念頭**？一開始，我們沒辦法阻止壞想法冒出來，但是可以選擇不去理它們。而要做到這一點，最好的辦法就是「忘記它們」。也就是說，要「**用別的好想法取代它們**」。這時候，正向肯定句就派上用場了！

當憤怒、嫉妒、恐懼或擔憂出現時，只要開始**默念正向肯定句**就好了。好比用光明驅散黑暗、用溫暖抵禦寒冷一樣，戰勝負面情緒的方法，就是用正面想法取代它們。

> 我從未在否定中找到任何幫助，唯有肯定良善，才能讓邪惡消散。
>
> ——安德魯斯（Frederick Elias Andrews）

當你有所求時，不妨試試上一頁的正向肯定句，它可是非常棒的！不需要任何修改，直接使用即可。默念這個肯定語，直到它深入你的**潛意識**。不管在任何地方，像是開車、上班、在家，你都可以隨時使用它。精神能量無處不在，隨時準備就緒，你需要做的只是正確認識它的全能，並且願意敞開心胸接受它的正面影響。

思想會影響我們所處的環境，如果心態積極，充滿力量、勇氣、親切和同情，我們的周圍自然會充滿正面的能量。但如果我們總是感覺脆弱、愛挑剔、有嫉妒心或負面想法，那麼周圍環境也會變得充滿負能量。

「想法就像種子，結局則像果實。」這句話清楚闡釋了善惡起源的眞理。思想具有創造力，會自動與目標互相連結，這就是宇宙的基本法則——**吸引力法則和因果關係**。了解這個法則將決定事物的起始和結局，也是世世代代引導人們相信祈禱力量的定律：「你的信念如何，結果也將如何。」

練習看看

本週，請試著想像一株植物的生長過程。選擇一朵你最喜愛的花，從抽象概念帶入具體形象：種下那顆細小的種子，爲它澆水，照顧好它，並將它放在可以直接接收到早晨陽光的地方。

觀察那顆種子如何破土而出，它現在是一個活生生、正在尋找生存方式的生命體。看著它的根部深入土壤，向四周生長，這些根部是由正在分裂的活體細胞組成的。很快地它們的數量將達到數百萬，每個細胞都充滿智慧，知道自己需要什麼並且該如何獲得。

接著看著植株向上和向前生長，突破地面、岔出分枝，並觀察每個分枝的完美對稱。隨著葉子的形成，也會看到細小的莖，每一個莖上托著一個花蕾。當你觀察時，可以看到這些花蕾逐漸綻放，開展出你所愛的花朵。當微風輕拂那些你在想像中創造的美麗花朵時，如果你夠專注，甚至可以感覺到花香。

當你能夠清晰地描繪你的願景時，它就會變得更加眞實。這個過程需要你學會**集中注意力**。無論是健康狀態、一朵喜愛的花、一個理想、一個複雜的企劃提案，或生活中的其他疑難離症，都是一樣的。只有當你**全神貫注地思考時**，才能眞正理解它的內涵，並找到實現它的方法。

每一次的成功，都是因爲**持續專注在目標上**，最後才能實現。

Lesson 10 豐盛是宇宙的法則

如果你能深入理解這堂課所教的內容，就會知道這個世界上發生的任何事件都是有原因的。你將能根據確切的知識來制定計劃，並懂得透過掌握正確的因素來處理各種情況。當獲得成功時，你會清楚知道為什麼會贏。

一般人對因果關係的認知不夠清楚，往往會被情緒支配。他們習慣為自己的行為找藉口，比如：某人如果在生意上失敗，會歸咎於運氣不好；如果他不喜歡音樂，會認為音樂是奢侈的消費；如果他的內勤工作表現不好，會覺得自己更適合跑外務；如果他沒有朋友，會認為自己的個性太特別，沒人懂他。

這些人往往拒絕深入思考問題，不明白每個結果背後都有特定的原因。他們選擇用各種藉口來自我安慰，思考常常是出於自我防衛。

相較之下，明白「事出必有因」法則的人，能夠更客觀地思考問題。他們不畏艱難地追求事實真相，自由探索真理。不管結果如何，他們能夠清晰地看到問題的全貌，全面且公正地應對需求，最終獲得世界以友情、榮譽、愛和認可的回報。

宇宙是一個充滿豐盛的地方，自然界的樹木、花朵、植物和動物都充分展現了生命力的旺盛。一切都在不斷繁殖和生長，爲每個人提供了豐盛的機會。但許多人並未能充分利用這些機會，主要是因爲**他們還沒有意識到自己內在的豐盛潛能**。雖然富足近在咫尺，但許多人因爲不理解一切皆源於宇宙的本質，以及我們的思想是與渴望事物建立連結的關鍵，而無法享受其中。

所有財富都來自於力量；財產的價值取決於它所賦予的力量；事件的重要程度取決於它對力量的影響；所有事物都代表著某種形式和程度的力量。

就像我們懂得如何利用電流、化學反應和地心引力等物理法則來做事一樣，理解因果關係也能讓我們更有信心地制定計劃並執行。**因果關係是自然界的基本規律**，它支配著物質世界的運作。然而，力量的範圍不僅限於物質力量，還包括心智力量、道德力量和精神力量等。

精神力量特別強大，因爲它存在於更高的層次。這種力量使得人類能夠發現如何利用自然力，替代成千上百人的勞動工作。它讓我們發現了新的自然法則，突破了時間和空間的限制，甚至有能力克服重力。正如英國傳教士、科學家與作家德拉蒙德（Henry Drummond）所說的那樣：

在我們所熟知的物理世界中，有機物和無機物是完全分開的。無機物屬於礦物世界，而植物和動物則屬於有機世界，它們彼此之間如同被密封在不同容器中，互不影響。至今這個界限仍從未被打破；無論是物質的變化、環境的改變、化學反應、電力或其他任何形式的能量，甚至包括進化過程，都未能使礦物世界中的單一原子擁有生命的特性。

只有當生命形式與無生命的世界接觸時，無生命的原子才能被賦予生命特性。如果沒有生命的接觸，這些原子將永遠留在無機的世界。英國生物學家赫胥黎（Thomas Henry Huxley）所主張的生物起源論——生命來自於無生命物質——在整個科學領域中是被接受的。即便是 19 世紀愛爾蘭物理學家廷得爾（Tyndall）也不得不承認這一點，他曾說：「我沒有找到任何可信的證據，來證明在當今世界上存在著獨立於生命之前而自發產生的生命。」

物理學可以解釋無生命物質的運作規律，生物學則可解釋有機體的發育過程。但當談到生命最初誕生的關鍵時刻時，科學界還未能給出答案。同樣地，自然界的規律無法完全解釋心靈世界的現象。從自然界的角度來看，通往心靈世界的入口就像是被密封起來的容器，沒有人打得開。

無論有機體發生何種物理或心理上的變化、做出何種道德上的努力，或是取得任何形式的進步，都無助於人類踏入那個靈性的領域。**自然界**和**心靈世界**之間就像是兩個封閉的空間，很難有所連通。

就像植物從礦物世界吸取養分，以生命的神祕力量來轉化這些養分，同樣地，**宇宙的心靈也能深入人類心智**，賦予人類新穎、奇妙甚至超凡的能力。所有在工商業或藝術領域取得成就的人，都是因爲經歷了這個過程而實現成功的。

思想是連結一切的橋梁，它把看不見摸不著的東西和實物連接起來，就像是連接宇宙和我們每個人。思想能夠把無生命的東西轉變成有生命的存在，例如當種子在物質世界紮根並開始生長，原本沒有生命的物質逐漸孕育出新生命。這一過程中，無形的力量開始爲新生命編織適合的環境，隨著生長規律的作用，我們可以見證這個過程持續進行，直到百合花最終綻放。

同樣地，當我們有一個念頭投射到無形的宇宙大智慧之中時，那個源頭孕育著萬物的本體，只要這個念頭在其中紮根，成長的自然法則就會開始運作。於是會發現，我們**周遭的環境和狀況**，不過都是我們**內心想法在外在世界的具體展現**而已。

思想是一種充滿活力的動態能量，**能與它思考的對象建立連結**，並將這些對象從無形的物質世界中引出，顯現到可見的外在世界中。這是一切事物顯現的根本法則。它也是進入至高無上的祕密之地並**「掌控一切」的成功之鑰**。只要理解這一法則，你可以「定下一件事，它便會實現」。

沒錯，道理就是這樣。假設宇宙的靈魂正如我們所知，是宇宙精神的體現，那麼宇宙本身就只是宇宙精神爲自己創造的客觀環境。我們人類個別的靈魂也是一樣，**正透過創造適合自己成長的環境來實現自我提升**。

創造力與演化是兩個不同的概念，應當清楚區分。創造力來自於我們對心智潛能的認知，它能將原本在客觀世界中不存在的事物，從無形轉化爲有形的現實，如新的想法或發明。相對地，演化是指已存在事物內在潛力的自然展現，例如毛蟲變成蝴蝶的過程。總結來說，**創造力是「從無到有」的過程，而演化則是「從有進化到更好」的過程**。

當我們利用這一法則來開啓奇妙的可能性時，必須記住，我們不是法則的創造者，而是遵循者。正如一位偉大的導師所說：「進行這些工作的不是我，而是居住在我內在的『父』。」我們無法直接促成事物的顯化，**我們能做的只是遵循這些法則**，讓更高的心靈力量實現最終的結果。

當今存在一個常見的誤解，那就是人們認爲必須啓動自己的智慧，才能實現特定的目標。然而，事實並非如此。宇宙心智擁有自己的運作方式，能夠實現任何必要的事物顯化。我們眞正需要做的，是**設定一個完美的理想**，剩下的工作就讓宇宙心智來完成。

我們已經學會如何控制電力，利用這種看不見的力量來爲我們提供便利和照明。然而，不愼接觸未經絕緣的帶電電線可能會違反安全規範，導致災難性後果。同樣地，對於控制無形世界法則的理解不足，也可能帶來許多負面後果和災難，許多人正在承受這些後果。

我們之前討論過，因果關係與電路中的正負極概念類似，必須形成一個完整的迴路才能運作。這樣的迴路只有在我們遵守相關法則時才能建立。然而，如果我們不了解這些法則，又如何能夠遵循它們呢？**認識這些法則的方式**

在於學習和觀察。

觀察大自然，我們可以看到**因果律**無所不在。自然界中的一切都遵循生長的定律，不斷展現因果關係的原則。有了生長，就有生命的存在；有生命，就需維持和諧的狀態。因此，所有生命體都在不斷地吸引對自己最有利的條件和營養，讓自己得以完整地成長茁壯。

你的想法如同大自然的創造力，**若與宇宙心智協調，就像接通電路一般**，你的願望便能成眞。但如果你的想法與宇宙心智不協調，就像是電路沒有接好，電流無法流通。想像一下，當發電機正在運作，但迴路突然被切斷且無法導電時會發生什麼？答案是，發電機會停止工作。

如果你的想法跟宇宙心智不同頻率，就好像電路不通一樣，無法達成目標。這些想法會一直卡住，困擾你、折磨你，最終導致疾病甚至死亡。雖然醫生可能不會直接將這些問題歸咎於思維方式，而是用專業的疾病名稱來描述，但這些健康問題的根源往往與錯誤的思考模式有關。

建設性的思想能夠激發創造力，但爲了讓這種創造性思維發揮效用，必須保持心態的和諧，避免任何破壞性的思維。智慧、力量、勇氣及所有和諧的狀態都來自內在的力量。相反地，任何匱乏、限制或不利的環境都是因為內在力量的不足。因此，**解決問題的關鍵在於發展內在力量**，這一過程就像鍛煉肌肉一樣，可以透過訓練來增強。

掌握知識只是起步，重要的是**將知識付諸實踐**。豐盛不會自動降臨，我們需要有意識地運用吸引力法則來實現目標。首先，要**清楚定義自己的目標**，並堅定相信自己能夠實現它。接著，**把吸引力法則應用在生活中**，引導你的每一步行動。在商業活動中，這可以幫助你業務成長並開拓新的銷售通路。當你全心全意地運用這個法則時，會發現你努力追求的目標正在以某種形式追著你跑。

練習看看

本週，請進行以下簡單的視覺化練習：

❶ 面對牆壁或其他方便的地方，閉上眼睛，想像一條約15公分長的黑色水平線。

❷ 試著清晰地看到這條線，如同它真的被畫在牆上一樣。

❸ 想像兩條垂直線，與水平線的兩端相連。

❹ 想像另一條水平線，與兩條垂直線相連。現在，你已經完成了一個正方形。

❺ 試著完美地看到這個正方形。當你做到這一點時，想像在正方形內畫一個圓。

❻ 在圓的中心放置一個點，再將這個點向你的方向拉約25公分。現在，你已經完成了一個正方形基座的圓錐形。

❼ 想像你的這件作品是全黑的。

❽ 將它變成白色。

❾ 將它變成紅色。

❿ 將它變成黃色。

如果你做得到，表示你進步很多！很快地，你將能夠集中精力解決任何面臨的問題。因爲一旦你能夠清晰地將某個目標或是意圖專注地保持在思維之中，要讓它成爲有形且可見的形式，只是早晚的問題而已。

「實現之前，先有願景。願景本身就決定了實現的結果。」

——莉莉安 ・ 懷廷（Lillian Whiting）

Lesson 11 尋找即得到

我們的生命受制於一些固定的法則，這些法則在任何時間和地點都適用。因此，掌控大型產業的商人，可以根據這些法則準確預測消費者的行為。

不過，需要記住的是，雖然每一個結果都有其原因，但這個結果又會成為新的原因，引發一連串的因果關係。因此，運用吸引力法則時，你要意識到你啓動的是一個因果鏈，它可能帶來好的或壞的影響，影響範圍是無限的。

我們經常聽到這樣的抱怨：「我生活中遇到了非常糟糕的事情，這不可能是我自己的思考造成的，因為我從未想過會發生這樣的事情。」但我們忘了，在心靈的世界裡，相似的思想會吸引相似的情況。我們的想法會吸引特定的人和環境進入我們的生活，而這些新的因素可能創造出讓我們不滿的局面。因此，我們遇到的許多問題，實際上是自己思想的產物。

歸納推理是一種客觀的思考過程，它藉由特別多個獨立的案例相互比較，找出導致這些案例發生的共同原因，進而推導出比較普遍性的結論。

在歸納推理的過程中，我們透過觀察和分析大量的事實，找出它們之間的共性，**從而得出比較普遍、概括性的結論**。這種方法幫助我們發現事物的規律，促進人類的進步。

歸納推理是迷信與智慧之間的界限；它消除了人們生活中的不確定性和任性，取而代之的是法則、理性和確定性。

它就是 Leesson 2 中提過的「**守門人**」概念。

歸納推理所導引出的這個「**普遍原則**」被廣泛應用時，會讓我們所熟悉的世界發生根本性的變化，例如當地球從看似平坦到被證明是圓的，並圍繞太陽旋轉；當原本被認爲是惰性的物質被解析爲活躍元素；整個宇宙無論在望遠鏡還是顯微鏡下，都充滿了力量、運動和生命。看到這些現象我們不禁要問：有什麼潛在的機制使得這些微妙的組織形態，能夠保持秩序和進行自我修復？

正如同性質相異的不同物質會被彼此吸引，此原則不僅適用於確定星星的位置和距離，也影響人類關係和力量的分布。例如，擁有不同美德的人往往會合作。同樣地，性質不同的元素，如酸和氣體，也傾向於結合，並在供需之間進行平衡的交換。

需求和欲望是人類行動的根本動力。就像眼睛會尋找互補色來獲得滿足一樣，需求和欲望也會引導我們做出行動。

我們有幸能夠運用這個原則來解決問題。例如，法國自然學家居維葉（Cuvier）看到了一顆屬於已滅絕物種的牙齒。這顆牙齒的形態非常精確地指出其所屬的特殊身體結構，使得居維葉能夠根據這顆牙齒重建該動物的骨架。

同樣地，法國天文學家勒維耶（Leverrier）在觀察天王星時發現了異常現象。他認為太陽系內必定存在另一顆行星來維持秩序，結果在預測的位置發現了海王星。

動物追求生存，居維葉追求知識；大自然維持運轉，勒維耶探索宇宙。雖然動機形式不同，但**本質上都是「想要」**滿足某種需求。因此，**明確且合乎原則的需求，是自然界複雜運作背後的原因**。

隨著科學的進步，我們不斷記錄整理來自於自然界的答案，這豐富了我們對世界的理解。我們掌控了操縱地球的力量，也意識到自己與外部世界的連結如此緊密和多元。我們的需求和目標與這個廣大系統的和諧運作密切相關，正如公民的生活、自由和幸福度，與他們所在國家的政府穩定性密不可分。

正如國家會保護人民的利益，將個人的力量與國家的力量結合一樣，個人的需求也反映了人們普遍的感受。同樣地，作爲自然界的有意識成員，我們可以**與自然力量合作**，利用我們對自然法則的理解來減少自然災害的影響，並合理分配人與自然的工作負擔，從而**使人類能從自然中獲取最大的利益**。

如果柏拉圖能穿越時空看到攝影師利用太陽光拍攝照片，他一定會對人類利用**歸納推理**取得的成就感到驚嘆。他可能會回想起老師蘇格拉底的智慧教導，並在腦海中構想出一個理想國：所有繁重、機械性的勞動和重複性工作，都交由大自然的力量來完成。在這個理想國，人們只需透過意志激發心智活動，需求便能得到滿足，供應則隨需求自動出現。

雖然理想國度看似遙不可及，但歸納法已經指引人們朝著它前進。歸納法不僅讓我們對過去的知識更加忠誠，也激勵著我們更加勤勉地奉獻，爲實現理想國度而努力。

歸納法有助於我們解決問題和提升思維能力。透過心智的運作，歸納法能爲各種個人或普遍性問題提供精確的解決方案，同時幫助我們集中注意力並增強能力。

我們應該相信目標已經實現，這樣才能眞正達到目標。這種思想來自於柏拉圖，他在哲學上有顯著的成就，但現實世界中卻始終無法找到如何**將理念轉化為現實**的方法。

這個概念在瑞典哲學家史威登堡（Swedenborg）的「對應學說」中得到了進一步的闡述。此外，聖經《馬可福音》11:24 中，一位偉大的導師也提到了類似的思想：「無論你們渴望什麼，**在祈禱時相信你們已經收到了它們，你們就會擁有它們。**」這段經文使用的**過去式時態**非常關鍵，強調了抱持信念與實現願望之間的直接關聯性。

關鍵在於「相信」！**只要堅定相信願望已經實現，那麼達成目標的道路就會自然展開。**這是一個明確的指導，幫助我們運用思考的創造力，在宇宙的心智中確信我們渴望的事物已經存在。

因此，我們應該從更高的角度去思考，不要被任何限制給束縛住，就像種下一顆種子一樣——如果這顆種子不受干擾，最後將會在現實世界中開花結果。

歸納推理是透過觀察許多個別案例來尋找共通點，從而推導出一般性的結論。例如，各個文明國家的人民在追求目標時，往往會採用一些共同的方法，即便這些方法可能看起來神祕，他們自己也可能無法解釋其原因。實際上，**人類的理性幫助我們發現這些共同的規律，以實現目標**。

這種思維過程在天生幸運的人身上表現得更為明顯——他們似乎能夠輕鬆獲得一切，不像其他人需要努力奮鬥。他們行事永遠正確，良心不須掙扎，舉止自然得體。「學習」對他們來說毫無難度，任何事都能輕鬆上手，做起事來總是得心應手，結果圓滿。**他們與自己相處融洽**，不用過多地思考行為動機，做事過程中也從未經歷過艱難困苦。

擁有這種思維所帶來的成果，猶如神賜的禮物，但目前很少人能理解、珍惜或有效運用它。意識到在適當狀態下**心智所能擁有的神奇力量**，以及這種力量擁有**解決人類所有問題的潛能**，是極其重要的。

眞理不會因人類的語言或思維方式而改變，它始終如一。爲了全面理解眞理，我們需要用多種方式來表達它。沒有任何一種人類的表述能完全涵蓋眞理的所有面向，因爲**真理具有多面性**，可以從不同的角度和層面被理解。

變化、新語言、新解釋，或從不熟悉的角度來看問題，並不代表我們偏離了眞理。相反的，這些變化證明了眞理正以新的方式被人們理解，並且與人類的需求更緊密地相連，使得眞理變得更加普遍易懂。

眞理需要以各種新穎的方式傳達給每一代人、每一個民族，以便人們能夠理解。例如，多位偉大的導師用不同方式闡述過相同的眞理。耶穌曾說：「相信你們已經收到，你們就會收到。」保羅則說：「信仰是所希望之事的實質，是未見之事的證據。」現代科學則用「吸引力法則」來表述。這些表達方式雖然不同，但都是在傳達相似的核心眞理。

我們正站在新時代的門檻上，人類即將揭開掌控自身力量的祕密，並爲建立一個超乎以往任何想像的美好新社會秩序鋪路。當代科學與宗教的對立，以及新興的社會運動浪潮，都在爲這個新秩序的建立清除障礙。雖然這些變革可能會推翻一些過時且無效的傳統形式，但**真正有價值的東西並不會丟失**。

一種新興的信念已經誕生，它呼籲我們採納全新的表達方式。這種信念以深層意識力量的形式出現，在全球各地的精神修行和心靈實踐活動中逐漸顯現。

世上所有存在的事物，從礦物的靜默靈性、植物的呼吸精氣、動物的活動力，到人類的高度智慧靈魂，都源於同一宇宙心智。我們應當**理解並運用人類被賦予的支配力，跨越存在與行動、理論與實踐之間的鴻溝**。

思想的力量是人類歷史上最偉大的發現之一。這一發現進入到大眾意識中的速度較緩慢，但已被人們所接受。現在，在各個研究領域中，思想力量的重要性正在逐漸被證實。

你知道思想的創造力是由什麼構成的嗎？**創造力來自於「產生想法」，這些想法會透過各種行動而成真**，例如取材、發明、觀察、辨別、探索、分析、組織、管理、整合和運用物質及能量。思想之所以能做到這些，是因爲它具備智能的創造力。

思想的力量在深入探索其神祕泉源時發揮至高功能。當它突破自我的侷限，穿越一個又一個眞理，到達永恆之光的境界。在那裡，所有正存在的、曾存在的以及將存在的一切，都融合成一場宏偉的和諧。

透過**自我反思**的過程，我們能獲得靈感，也就是**創造性智慧**。這種智慧無疑高於自然界中的任何元素和力量，因爲它能夠理解、改造、掌控和運用這些元素、力量和法則來**實現自身的目標**，因此也就能夠擁有它們。

智慧起源於理性的開始，而理性則是對知識和原則的理解，讓我們能夠洞悉事物的眞諦。

我們都見證過一些人如何實現看似不可能的夢想，從而改變了他們的生活。有時候，我們會對一種看似不可抗拒的力量感到驚訝，這種力量總在我們最需要的時候出現。現在一切都水落石出了，要實現這些，我們只需**理解一些基本原則並正確地應用它們**。

練習看看

本週的練習重點來自《聖經》中的一段話：「無論你們渴望什麼，當你們禱告時，**相信你們已經得到它們，你們就會擁有它們。**」請注意，這裡沒有任何限制，「凡你們禱告，無論求什麼」這句話非常明確，暗示著我們唯一會遇到的限制就是自己的思考能力，以及能否把握時機、迎接挑戰的能力。記得，「信心」不是虛幻的影子，而是一種實體，是「所希望之事的實體」，是「未見之事的證據」。

死亡並非消滅，而是轉化。死亡後的物質會以新的形式重新組合，成為新的生命。

Lesson 12 吸引力法則

在這堂課的在第 4 段中，你會看到以下這句話：「首先，你需要認識你的力量；其次，你需要勇於嘗試；最後，你需要有信心去完成。」

如果你認真思考並專注於這些觀點，會發現每句話都富有深意。這不僅有助於你理解重要知識，還能吸引更多與這些思想相符的新想法。

知識本身並不會自動發揮作用，需要我們每個人去實踐運用。運用知識的方法就是在既有想法的基礎上，加入具體的目標，讓它像種子一樣萌芽生長。

許多人因缺乏明確目標而浪費時間和精力。集中精力於具體目標，你便有可能達成非凡的成就。就像相機對焦一樣，未對焦時畫面模糊，對焦後畫面清晰。如果你無法專注於一個明確的目標，對於理想的實現也將是模糊不清的，那結果肯定是令人失望。

在生活中透過科學方式了解思想的創造力，沒有任何目標是無法達成的。

思考的力量是人類共有的特質，它是我們成為人的基本能力之一。由於我們擁有無限的思考能力，我們的創造力也因此無限。

我們都知道，想法會形塑生活，就像在建造我們一直所想的事物，讓它一步步接近我們。可是，我們卻常常覺得難以擺脫**恐懼、焦慮或沮喪**，這些都是強大的思想力量，**會把我們渴望的東西推得更遠**。因此，很多時候會出現「進一步、退兩步」的狀況。

想一直進步，就不可以停下來！成功需要時刻保持警醒。實現目標需要三個關鍵步驟：首先，**認識自己的力量**；其次，**具備勇於嘗試的膽量**；最後，**堅定信念，相信自己辦得到**。

只要奠定好這個基礎，你就可以打造理想的事業、美滿的家庭或知心好友圈，甚至完善的生活環境。沒有金錢或材料的限制，因為思想是萬能的，所以你能支配取之不盡的資源。

但是，你的**理想必須具體明確**。如果今天有一個目標，明天又改變，下週再換另一個，你的精力將會分散，最後一事無成，最後只是浪費資源得到混亂的結果。

不幸的是，很多人追求理想的方法正是這樣的：想像一位雕刻家，如果每 15 分鐘就改變創作的方向，他又能期待完成什麼樣的作品呢？同理，當你在塑造思想時，若經常改變主意，又怎能期待有好的結果？

這種優柔寡斷和消極思維往往會導致財富的流失。你可能經過多年努力，才達到所謂的獨立，卻因爲一時的消極態度而迅速崩塌。到頭來會發現，金錢和財產根本不能代表獨立。相反地，**真正的獨立源自於你具備有效掌握思想創造力的能力**。

想掌握這種能力，首先需明白你眞正擁有的力量是**調整自己以適應宇宙既定法則**。你無法改變無窮的宇宙，但可以理解它。理解這些法則的回報在於，它讓你意識到可以調整思維，並與無處不在的宇宙思想相互協調。**你與這種「全能力」合作的程度，將直接影響成功的程度**。

思想的力量有許多仿冒品，這些贗品或多或少都很有吸引力，但最終都是有害而無益的。

當然，擔憂、恐懼和其他負面思維會產生不良影響，懷有這些思想的人最終也會收穫他們所種下的果。

此外，有些人沉迷於尋求「**超自然現象**」，他們貪婪地相信在降靈會*上看到的「證據」。他們毫無戒備地敞開自己的心智大門，沉浸在靈界最有害的能量流中。他們似乎不明白，正是因爲自己的消極、易受影響和被動，耗盡了自身的生命力，才使得他們的思想形態產生不良的振動。

另外，一些宗教信徒認爲靈修高手所表演的「顯化」現象就是力量的來源。但他們根本沒有意識到，一旦這些高手撤回意志力，所幻化出的形象就會跟著消失，構成這些形象的振動能量也會消散。

「**心電感應**」一直備受關注，但由於接收者需要處於消極的心理狀態，因此這種做法反而有害。雖然某些意念是基於特定意圖發送的，但因爲違反了基本原理，接收者反而會得到負面影響。

---

* 由靈媒所舉辦，讓參加者見證或體驗據說是靈體（靈魂或鬼魂）出現的集會，為了取信於人，通常會伴隨著物質化的幻影或超自然事件作為證據，在 19 世紀末至 20 世紀初的西方神祕主義運動中很流行。

「**催眠術**」雖然看似神奇，但對受試者和操作者都存在潛在危險。眞正理解精神世界法則的人，不會追求控制他人的意志，因爲這會逐漸削弱自身的力量。

雖然某些方法能帶來暫時的滿足，甚至令人著迷，但**眞正去了解我們內在的力量會更加吸引人**。這種力量會隨著使用的程度而增強，屬於持久而非短暫的。它不僅能糾正過去的錯誤，還能預防各種危險。

這個法則會將思想與目標相連，心裡所想的會在現實世界中產生對應的結果。因此，每個思想都應蘊含眞理的本質，這樣才能促進成長法則的實現，並帶來良善的結果。因爲唯有這樣做，才能賦予任何事物持久的力量和價值。

當我們將力量注入思想，並與目標連結時，便能利用吸引力法則克服生活中的困難。這本質上是一種表達「愛」的方式，**愛是貫穿哲學、宗教和科學的永恆基本規則**。由於欲望的本質是愛，感情使思想充滿活力。當思想被愛的力量滋養，它便變得堅不可摧。

一旦我們理解了思想的力量，便能在各處看見這個眞理。宇宙心智不僅是智慧的來源，也是物質的根本。這種物質力如同「吸引力法則」：讓電子互相吸引形成原子，原子依此法則結合成分子，分子再形成物體。因此，「愛」的法則不只是微觀原子的基礎，也是構成世界、宇宙乃至一切可想像之物的創造力。

正因爲有這個奇妙的吸引力法則，各個時代的人們都相信，一定有某個力量能回應他們的請求和願望，並能操控事件，讓事情按照他們的需求而發展。

思想與愛的結合會釋放出強大的力量，這就是我們所謂的「吸引力法則」。自然法則如重力或電力都極爲精確，從不出錯。如果出現橋梁坍塌或燈光故障等問題，那是操作失誤，而非法則本身的問題。同理，如果吸引力法則有時似乎失效，這不代表法則有誤，而是意味著我們需要更深入地理解它。正如解決數學問題有時挑戰重重，學習和應用這些法則也需耐心與時間。

所有事物都是先在精神層面形成概念，才會在現實世界中顯現爲行動和事件。我們掌控今天想法的過程，就像在塑造未來的藍圖，甚至可能影響到明天發生的事。**有意識的渴望，是啓動「吸引力法則」最有效的方式**。

人類的理解能力需要循序漸進。就像蓋房子需要先準備工具一樣，我們的大腦也需要「建造」特定的腦細胞來理解新概念。如果沒有對應的腦細胞，我們就無法理解一個從未接觸過的想法。這就是爲什麼我們難以接受完全陌生概念的原因，因爲我們的大腦還沒有準備好要接收，所以抱持懷疑態度，甚至不相信它。

如果你不熟悉吸引力法則的強大力量及操作方法，或者不了解它能帶來的無限可能性，那麼就從現在開始吧！**只要你願意配合自然法則，「吸引力法則」將帶給你無限的潛能。這一切都可以透過集中注意力和專注來實現。**

有意識地控制我們的注意力，**力量來自內在的平靜**。只有透過專注，我們才能產生深度的思想、智慧的言語和發揮潛能，從而實現目標。

在平靜中，你可以接觸到潛意識的強大力量，所有的力量都是從這裡發展出來的。

想要獲得智慧、力量或持久的成功，必須從內心深處尋找，這些都是逐步發展的過程，並非一蹴可幾。雖然有些人認爲**保持平靜**很容易達到，事實上卻**並非易事**。只有在完全的平靜中，才能眞正接觸到神性，理解宇宙的永恆法則。

練習看看

本週，你依然在同一個地方、同一把椅子，像往常一樣坐下。記得要放鬆，無論是心理還是身體。不要有壓力，確保肌肉和精神都不是處於緊繃狀態，讓自己感到完全舒適。

現在，**感受你與全能力量的連結**，這股力量是你思考能力與宇宙心智互動的展現，你要意識到這股力量能夠**滿足你的所有需求**。你擁有與其他人相同的潛能，因爲每個人都是獨一無二的存在，都是宇宙整體的一部分，因此本質上沒有差別，只有程度上的差異。

思想能創造出任何我們能想像的事物，即使無法完全想像，也總有人能將之實現。最初提出這些想法的人可能只是提議，但最後會出現行動者將其付諸實踐。

——威爾森（Wilson）

Lesson 13 夢想成真

物理科學推動著充滿發明的時代一直往前，但心靈科學才正要開始起步，潛力無人能及。過去，心靈科學一直被視為迷信和神祕主義，只屬於未受教育者。但現在，人們更重視科學方法和經過驗證的事實。

我們現在已經了解，思考是一種心靈的過程，想像和憧憬會早於行動和事件的發生。

夢想家們的時代已經到來了！美國作家赫伯特・考夫曼（Herbert Kaufman）先生曾說：「偉大的建築師們，心中擁有遠見，看穿層層迷霧和疑慮，穿越未知的時空。皮帶輪、鐵軌、螺旋槳，都是他們在創造奇蹟的過程中使用的工具。他們建造的不只是帝國，而是超越王權的事業。你所居住的土地，是夢想家發現的；牆上的畫作，是夢想家靈魂中的景象。他們是被選中的少數先驅，即使牆壁倒塌、帝國崩潰、潮水沖刷，夢想家所創造的將永遠存在。」

夢想家、發明家、作家和金融家，他們如何實現夢想呢？又是如何運用因果法則達成目標呢？答案就是：我們心中所想的，最終將成為我們所擁有的。

科學家常常將少見的特殊案例進行彙總和分析，並據此找到日常現象背後的科學解釋。例如罕見的火山爆發展現了地球內部持續的熱能活動，這種活動同樣塑造了地球表面的許多地貌特徵。

和火山爆發一樣，不常發生的閃電顯示大自然時時刻刻都在進行能量轉換。有一些現今鮮爲人知、但曾經是各國官方語言的瀕危語言，也同樣揭示了過去的情況，讓人們理解今日的語言是從何處發展而來。此外，在西伯利亞發現的巨型象牙化石，以及埋藏在地底的生物化石，不僅記錄了古代生物的演化歷程，也幫助解釋我們今天所見的山谷和丘陵是如何形成的。

就像指南針引導我們找到方向一樣，那些不常見、奇特或是例外的事實，經過歸納總結，就成為了我們在科學研究中發現新知的重要工具。

這種方法以理性和經驗為基礎，因此能夠破除迷信、打破慣例和改變舊習性。

英國哲學家培根爵士（Lord Bacon）曾經大力提倡這種研究方法。該方法大大促進了文明國家的繁榮進步和知識增長，有效地清除了長期困擾人們的狹隘偏見，影響力遠遠超過尖銳諷刺。**透過驚人的實驗而非無知的辯論**，這種方法成功地將人們的注意力，從空洞幻想轉向現實世界。

培根爵士的方法延續了古希臘偉大哲學家的精神與目標，並利用當時新出現的觀察工具將之付諸實行。這種方法在天文學、胚胎學和地質學等領域取得了重大發現，**揭露了大自然運行的規律**，這些是亞里斯多德的邏輯無法解開的謎題。此外，它還發現了之前未知的元素，這些發現是傳統學術辯證法所無法達到的。

培根爵士的方法帶來了許多令人驚歎的進步：它延長了人類的壽命，緩解了痛苦，撲滅了疾病。它提高了土壤的肥沃力，爲航海者提供了新的保障。它用我們祖先未知的形式在大河上架起了橋梁，引導天上的雷電到地面。它用白晝的輝煌點亮了夜晚，擴展了人類視野的範圍。它增強了人類肌肉的力量，加快了運動速度，消除了距離。它便利了交通、通訊、所有友好的服務和工作的快速處理。它使人類能夠潛入海洋深處，飛向空中，安全地進入地球上以往對人類健康或生命有潛在威脅的隱蔽之處。

歸納法就是這樣探究知識的。歸納科學取得的成功越大，就越能讓我們意識到，在提出一般性結論之前，必須仔細、耐心、準確地觀察每個個別事實，並充分利用我們所能掌握的所有儀器和資源。

就像富蘭克林用風箏探測雲層，發現閃電的本質一樣，歸納法需要我們在各種不同情況下，仔細研究電機產生的火花，以探究其運作原理。同理，伽利略透過精確測量物體落下的速度，啓發了牛頓勇敢地向月亮詢問是什麼力量將它綁在地球上。

簡單來說，我們**追求真理**，希望社會穩定進步，因此不能容忍偏見和扭曲事實。唯有如此，科學這棟宏偉建築才能建立在堅實寬廣的基礎上，也就是**全面仔細地觀察所有現象，不分罕見或常見**。

觀察可以讓我們收集到越來越多的資料，但這些資料對於解釋自然現象的價值卻大不相同。就如同我們特別看重人類身上那些罕見的優點一樣，自然哲學也對觀察到的現象進行篩選，尤其是**一般科學無法解釋的奇特現象**。

當我們遇到看似具有特殊能力的人時，該怎麼看待呢？我認爲這些現象不是眞的，只是**因為我們的資訊不夠完整**。畢竟，許多奇怪的現象用現有知識無法解釋。然而，一旦我們理解了思想的創造力，這些看似難以解釋的現象就不再那麼神祕了。

另一種說法是，這些現象是由超自然力量造成的。然而，相信自然法則的人可不這麼想。他們認爲，任何現象的發生都必定有明確的成因，而這些**成因是由恆久不變的定律**所操控。這些法則無論是有意或無意地被觸發，都會以極高的精確性運作。

第三種說法是：「那是我們不該知道的禁區。」這種觀點在人類追求知識進步的過程中並不成立。許多提出新想法的人，像是哥倫布、達爾文、伽利略、開啓動力船時代的富爾頓和提出嶄新自然觀點的愛默生，都曾遭受訕笑或迫害。因此，我們不應該對這種反對意見太過認眞。相反地，應該**仔細評估呈現在我們面前的每一個事實**。唯有如此，才能更容易地找出支配這些現象的規律。

你將會發現思想的力量非常強大，它可以解釋我們所經歷的一切，無論是身體上的、心理上的還是精神上的。

我們的**思想能影響現實**。如果總是擔心災難發生，這種恐懼本身作爲一種強烈的心理狀態，可能眞的會引起災難。**當我們感到害怕時，注意力會聚焦在負面的可能性上**，這種思想狀態往往能破壞多年的努力和成果。

如果我們專心思考想要某些東西，如財富、愛情或成功，只要集中精力思考這些東西，就極有可能實現。然而，當我們真正獲得這些東西後，可能會發現它們並不如預期中的理想。換句話說，即使我們得到了所想要的，那種滿足感也可能只是短暫的，或者實際效果可能與預期相反。

那麼，應該怎樣思考才能獲得真正想要的呢？無論是你、我還是任何人，追求的目標都是幸福和諧。**當我們真正感受到快樂時，就擁有了世界能提供的一切**。而這份快樂也能感染周圍的人。

但是，除非我們擁有健康、力量、志同道合的朋友、愉快的生活環境和充足的物質供應，而且還必須能滿足基本需求、享有舒適生活，否則我們難以感到快樂。

以往傳統的觀念認為我們應該「活得像蠕蟲一樣」，安於現狀，滿足於既有的命運。但現代觀點則認為我們**有權享受最好的一切，也認為我們跟「源頭」是一體的**，這個「源頭」就是宇宙心智、造物者、所有一切的根源。

雖然這個理念在理論上完全正確，而且已經流傳了兩千多年，是哲學和宗教的核心思想。但關鍵問題是，**我們如何在日常生活中真正實踐它**？讓它們確實發揮作用，並且在當下獲得實際的效益與具體的結果呢？

首先，我們必須**將所學的知識付諸行動才能有所收穫**。例如運動員光看健身理論，不實際鍛鍊也無法擁有強健的體魄，成果必定取決於努力。這個情形放到我們身上也是一樣，付出會得到回報，但**前提是我們要先付出，才能獲得相應的回報**，而且這種回報往往會以倍數增加！這裡的「付出」不僅指實際行動，也包括心理層面的努力。因此，當我們帶著勇氣、啓發、健康或助人的意念時，就會得到好結果。

思想是一種具有創造力的心智活動，但要知道，**只有當思想被有意識地、系統性地、建設性地引導時，才能真正創造出有價值的成果**。這點和漫無目標的思考不同，後者只是白費心力，沒有成果。建設性的思考則能帶來無限的成就。

我們會發現所得到的一切都是透過**吸引力法則**實現的。快樂的思維不可能存在於憂鬱的意識裡，因此，我們必須**改變意識**。一旦意識發生改變，相應的環境條件也會隨之調整，以適應這種新的心態轉變。

構思理想時，本質上是將我們的想法投射到無所不在、無所不能、無所不知的宇宙中。然而，**作為有限存在的我**

們，是否能夠指導這樣無限的宇宙，告訴它如何實現我們的需求呢？這種**錯誤的思考往往是失敗的原因**。我們雖然認識到宇宙物質的無所不在，但常常忽略了它的無所不能和無所不知，這可能無意中觸發了我們未曾預料的因果關係。

請讓我擁有更多的智慧，讓我找到真正對自己有益的事物。請堅定我的決心，讓我能夠實踐這些智慧所帶來的指引。

——富蘭克林（Franklin）

練習看看

要保護自己熱愛的事物，最好的方法是**相信宇宙心智具有無限的力量和智慧**，並將自己視爲一個管道，讓宇宙的力量幫助我們實現願望。因此，本週的練習是要意識到**我們與宇宙心智是一體的**，我們是宇宙的一部分，與宇宙心智本質上是相同的，只是表現形式不同。

當你眞正意識到這個驚人的事實——你我（包括肉體、自我、靈魂、思想等）都是浩瀚宇宙的一部分，而我們與宇宙在本質上是相同的，因爲造物者不會創造與自己不同的存在——當你明白了「我和父是合一*」這句話的深層含義時，你也將意識到自己所被賦予的美好、偉大和超越常人的機會。

* 原文「The Father and I are one」，典出《聖經．約翰福音》，但作者此處所指的「父」概念更為廣泛，意指宇宙心智、宇宙的創造者。

Lesson 14 潛意識和宇宙心智合一

到目前為止，前面所學的應該足以讓你明白，思想是一種充滿創造力的心智活動，並不僅限於某些特定的想法，而是所有想法都具有這種力量。

同樣地，「否定」、「不想要」的想法也能產生負面影響。意識和潛意識就像風向儀和空氣之間的互動一樣，再微小的風力也能使風向儀轉動；同樣地，任何進入意識的想法都會在潛意識中引發反應。這些想法的強度和你的投入程度，決定了潛意識活動的強度。

然而，大多數人往往專注在不想要的狀況上，反而賦予了這些狀況更多成長能量。因此，不應聚焦在「不想要」的事物上，而是要專注於「想要」的目標。

舉例來說，若你總擔心工作表現不佳、害怕犯錯或被批評，長期專注這些負面想法，事實上會賦予它們更多能量，使這些擔憂更容易成真。因為過度焦慮可能影響你的表現，過度自我保護以避免犯錯的防禦態度，反而可能導致失誤。

宇宙能量是一切運動、光、熱和顏色的源頭，這種能量不會被它所造成的現象所限制，而是主宰著它們。宇宙的本質是所有力量、智慧和聰明的源頭。

想要認識這種智慧，就要先熟悉**心靈的感知能力**。透過心靈的感知，我們可以影響周遭的物質世界，並在生活中建立和諧的關係。

這是許多博學的理化老師都未曾涉足的領域。事實上，唯物主義學派中很少人眞正理解這種**智慧的力量**。他們似乎尙未意識到，智慧就像力量和物質一樣，無所不在。

有些人可能會問，既然這些原理是正確的，爲什麼我們看不到預期的成效？既然基本原則沒錯，爲什麼我們做不到呢？

其實，我們已經看到了結果，只是**效果好壞取決於我們對於法則的理解和運用能力**。就好像電的原理一直存在，但必須等到人們理解並學會如何利用，才能發揮電的效用。

這讓我們與周圍環境建立了全新的關係，開啓了以前無法想像的可能性。透過我們新的心態所自然引發的一系列有序法則，得以具體實現。

思想具有創造力，這個原理是眞確而合理的，深深根植於萬事萬物的本質之中。但是，這種創造力並非源自於個人，而是來自宇宙，是所有能量和物質的根源。個人只是用來分配能量的途徑，是宇宙用來產生各種現象的工具。

科學家們發現，物質可以分解成無數分子，再進一步分解成原子，而原子由電子所組成。透過實驗，我們能在眞空管中觀察到電子，這個事實強而有力地證明了電子存在於宇宙的每一角落，無所不在。換句話說，電子穿透了所有物質，甚至充滿了我們認爲是「空」的空間。因此，電子可被視為宇宙的基本元素，是萬物的起源。

電子本身並不會自己組合，需要心智的引導才能變成原子和分子。就像電子圍繞著中心力量運行形成原子，原子再按照固定的數學比例結合形成分子，分子互相組合形成複合物，複合物再建構出整個宇宙。

氫原子是目前已知最輕的原子，但它也比電子重 1700 倍。水銀原子更是比電子重 30 萬倍*。電子帶有負電，因爲

* 作者在此所引用的數值略低於現代物理實驗結果，但此處重點在於強調電子的質量極小，卻擁有相當的能量與速度。

它們的速度與宇宙中的其他能量（如熱、光、電和思想）相同，因此不受時間和空間的限制。

電子在人體內會聚集形成細胞，這些細胞具備基本的意識和智能，足以執行它們在人體生理運作上的功能。人體的每個部分都由細胞組成，有些細胞獨立運作，有些則群體合作。有的細胞負責建構組織，有的負責製造身體所需的各種分泌物。有的細胞負責運送材料，有的負責修復受損部位，就像外科醫生一樣。有的細胞扮演清潔工的角色，清理廢物；有的則隨時準備抵禦入侵的細菌和其他有害物質。

人體內所有細胞為了共同的目標而運作，就像一個個微小的生命體。它們不僅存活著，還擁有基本的智慧，能完成各自的職責。細胞也具備自我保護的本能，會設法維持自身的能量並延續壽命。因此，它們需要獲取足夠的營養，並且會選擇對本身有益的物質。

每個細胞都有生、老、病、死的過程，不斷地新陳代謝。人體的健康和生命本身都仰賴這些細胞的持續再生。

很明顯地，我們身體裡的每個原子都具備思考的能力。這種思考是消極的，但我們**自身的思考能力可以讓我們變**

得積極，從而控制這種消極思考。這也是形而上治療的科學原理，可以幫助我們理解這種神奇現象背後的成因。

我們身體裡的每個細胞都存在著一種消極的思維，這種思維叫做**潛意識**，它不受我們意識的直接控制，卻會影響我們的行爲和想法。

萬物起源於心念，外在的表現則是思維的結果。因此，事物本身並沒有眞正的起源、永恆或實際存在。既然它們是由思維產生的，同樣也可以被思維消除。

在精神科學和自然科學領域中，人們不斷進行探索，每一次的發現都將人類推向更高境界。我們發現個人的外貌、體型、性格以及生活環境，其實都是一生思想的反映。

每件事的發生都有一定的原因。如果我們循著這個原因追本溯源，就能找到它產生和發展的規律。現在已經有許多證據支持這個論點，因此它是普遍被接受的觀念。

客觀世界受到一股看不見、無法解釋的力量所控制。我們過去將這股力量擬人化，稱之爲「神」。但現在我們已經了解到，這股力量是存在於萬物之中的本質，也就是無限的**宇宙心智**。

既然宇宙心智無垠無涯、無所不能，它就能擁有無窮無盡的資源。當我們意識到它同時也無處不在時，就不得不承認：**我們自身就是宇宙心智的顯現。**

深入了解潛意識的可用資源後會發現，它與宇宙心智的不同之處只在於程度上的差異。就像一滴水和整個海洋，本質上是相同的，只是程度不同而已。

瞭解潛意識的可用資源非常重要！它就像是介於我們的意識和宇宙心智之間的橋梁。讀到這裡你應該會發現，這表示我們能夠有**意識地影響潛意識，進而連結到宇宙心智無限的資源！**由於潛意識和宇宙心智本質上是相同的，所以**潛意識可以實現的可能性幾乎是無限的！**

運用科學的角度來理解這個原理，就能解釋爲什麼祈禱可以產生驚人的效果。祈禱是一種深層的意識活動，通常帶有強烈的願望或意圖，**當我們祈禱時實際上是在向潛意識發出指令，潛意識接收到這些願望之後再運用宇宙的無限力量和資源轉化為現實。**祈禱本質上是我們透過潛意識與宇宙心智進行連結的一種方式，祈禱的效果並不是來自神明特殊的恩賜，也不是宗教信仰或神祕力量所致，而是潛意識與宇宙之間遵循自然法則的共同運作。因此，**祈禱**

的力量其實來自我們自身的內在潛能和宇宙心智的連結。

可惜，許多人還沒有下定決心進行**必要的自我訓練**，持之以恆地控制自己的心智，有意識地**主動選擇正確的思考模式、避免負面思維**，以符合宇宙心智的運作法則。即使**顯而易見的錯誤思考已經導致了失敗，他們還是不願意改變。**

思想才是真實的存在，物質世界是思想的一種表現形式。**當思想改變時，外在的環境和情況也會跟著改變**，才能與創造它們的思想保持一致。

思想必須保持清晰、穩定、明確、堅定不移，不能忽進忽退。若二、三十年來已養成負面思維的習慣，那自然不能僅憑短短數十分鐘的正念，就期盼一切負面情況能立刻消失。

如果你想在生活中做出重大改變，就必須做好充分的準備。**深思熟慮後下定決心、全力以赴，不讓任何事情阻礙你的決心。**

這種自律、思想的改變和心態的轉變，不僅能為你帶來物質上的豐足，還能讓你擁有健康和諧的生活。

如果希望生活維持和諧的狀態，就必須要培養出和諧的心態。

你的外在世界，是你內在世界的如實反映。

練習看看

本週的練習是專注於和諧。所謂專注，就是要**全神貫注在「和諧」的意念上**，不去想其他事情。只要做到身心合一、全然感受到和諧的狀態就夠了。光是閱讀這些理論知識是沒有用的，**真正的價值在於實踐練習。**

學會把門關上，拒絕那些對你沒有明確好處的人事物，進入你的思想和生活。

——喬治．馬修．亞當斯（George Mathew Adams）

Lesson 15 改變是成長的開始

擁有醫學和哲學雙博士學位的洛克博士（Jacques Loch），做了一個關於植物寄生蟲的實驗，他發現即使是最低等的生命形式，也能利用自然法則。

在實驗中，科學家把玫瑰盆栽放在密閉房間的窗戶前，當植物開始乾枯時，原本無翅的蚜蟲便會變態成有翅膀的昆蟲。這些變態後的昆蟲會離開植物，飛向窗戶並試圖逃生。

很明顯，蚜蟲發現原本提供養分的玫瑰花枯萎了，牠無法再取得食物和水。為了生存，蚜蟲只好長出翅膀飛走，尋找新的食物來源。這個實驗顯示，即使是微小的昆蟲，也能夠在危急時刻利用無所不在的自然法則生存。

就像這些小昆蟲一樣，人類也應該學習利用無所不在的自然法則，本堂課將會更深入解釋應該如何運用。

我們所遵循的法則是為了我們的利益而設計的。這些法則是不變的，我們無法逃避其作用，只能遵守。

所有偉大的力量往往在靜默中運作。我們有能力與這些力量和諧相處，獲得平靜和幸福的生活。

當我們遇到困難、不和諧或障礙時，往往是因為我們**不肯放棄已經不需要的東西，或者不肯接受我們需要的新事物。**

「成長」表示得放棄過時的觀念，捨棄舊的接受新的，把好的換成更好的。這是一個相互依存的過程，因為我們每個人都是完整有思想的個體，**只有在付出的同時才能獲得。**

如果我們固執己見，不肯放手，就無法獲得我們想要的東西。當我們明白自己吸引什麼，並能從每一次經歷中汲取成長所需的東西時，就能掌控自己的環境。這種能力決定了我們能獲得多少和諧和幸福。

當我們站得更高、看得更遠時，獲取「自身成長所需事物」的本領，也會不斷增強。**我們越能辨別自己需要什麼，就越能準確地發現、吸引和吸收這些事物。**因為只有對我們成長有幫助的東西，才會出現在我們身邊。

來到我們身邊的每件事情和經歷都是爲了讓我們成長，困難和阻礙會一直出現，直到我們從中學習智慧，獲得進步的力量爲止。

我們種下什麼就會收穫什麼，這是一個非常精確的數學關係。我們所付出的努力，決定了我們獲得的力量。

成長需要我們敞開心扉，迎接與自己完全相符的事物。當我們**理解並遵循自然法則**，就能獲得最大的幸福。

思想需要被愛滋養才能充滿活力。愛是情感的產物，因此，我們需要智慧和理性來控制和引導情感。

愛是思想的養分，讓思想生根發芽。**吸引力法則，也就是愛的法則，會為思想的成長提供所需的養分。**

思想的第一個載體是語言，也就是文字，這凸顯了語言的重要性。**語言是思想的初始顯現形式**，就像承載思想的容器；它透過聲音或文字的形式影響周遭環境，將想法傳達給他人。

想法可以引發各種行動，但無論是哪種行動，都只是思想要以具體形式表達出來。因此很明顯地，**如果我們想要過著美好的生活，就應該只讓美好的思想佔據我們的腦海。**

這引出了一個結論：想要讓生活富足，就應該一直抱持豐盛的心態。言語是思想形成過程的一部分，因此我們需要特別注意**使用正面積極的語言**。這些經過深思熟慮並具體表達出來的言語，將爲我們帶來好處。

我們經常無法擺脫腦海中不斷浮現的畫面，如果使用的語言對自己不利，那就好比是把錯誤的想法引入了我們的思維中。

隨著我們的思想越清晰、層次越高，我們就越有活力。**使用清晰的文字圖像**，並消除附著在其中的低層次思想概念，可以幫助我們更容易地達到目標。

我們需要用文字表達思想。如果我們想要追求更高層次的眞理，就必須使用經過嚴格篩選過的材料。

這種將思想透過文字表達出來的能力，正是人類與動物的不同之處。透過書寫，人類能夠回顧過去的世紀，重新體驗那些激動人心的歷史場景，並從中繼承和學習累積到今日的知識和智慧。

人類透過文字，能夠與歷代最偉大的作家和思想家交流，因此我們今天所擁有的記錄，是人類心中普遍思想試圖表達的結果。

我們的想法要化爲具體的形式，就像宇宙創造萬物一樣。**語言是我們表達思想的工具，而句子則是思想的組成形式。**因此，要實現美好而強大的理想，需要以精確的詞彙來建構句子。在文明社會中，精確地選擇和組織語言是成功的關鍵。

言語是思想的具象化，是一股無形卻不可忽視的力量，以具體的形式展現出來。

文字可以是永恆的心靈庇護所，也可以是輕易被風吹倒的脆弱小屋。它們可以賞心悅目、悅耳動聽，蘊含無盡的知識，讓我們從中探尋過去的歷史和未來的希望。它們是活生生的信使，跨越時空傳遞人類智慧，甚至開啓超凡入聖的偉大思想。

美麗的詞語來自美麗的思想，有力量的文字來自於有力量的思想，而思想的力量來自於它的生命力。**如何識別一個有生命力的思想呢**？它的特徵是什麼？**答案是：必須有原則。**那麼，我們如何辨別原則呢？

數學有其規律，錯誤沒有規律；健康有其法則，疾病沒有法則；眞理有其準則，虛假沒有準則；光明有其道理，黑暗沒有道理；富裕有其方法，貧窮沒有方法。

要怎麼知道這些原則是正確的呢？只要正確地運用**數學原理**，就能得到確切的結果。健康的人不會生病，知道眞理的人不會被謊言欺騙。引進光明的地方就沒有黑暗，豐盛的地方就沒有貧窮。

這些道理大家都了解，但似乎有一個更爲關鍵的眞理被忽視了：**只有擁抱正面原則的思想才真正充滿生命力**，並且因此深植人心，最終取代那些負面的想法。而負面想法本質上是缺乏生命力的。

這個事實將使你能夠消除所有形式的不和諧、匱乏和限制。

凡是具有足夠智慧的人將會輕易理解，思想的創造力賦予了他們無堅不摧的武器，使他們成爲**命運的掌控者**。

在物理世界中，存在著一個**補償法則**，也就是「某處能量的增加會導致另一處相同量的能量減少」。**這表示我們所付出的努力與所得到的回報是相等的**。**當我們做出決定**

時，就必須為這個決定所帶來的後果負責。潛意識不會分辨好壞，它只會根據我們的指示行動。因此，當我們向宇宙提出某種需求時，就必須做好接受後果的準備。就像俗話所說：「自己鋪的床就得自己睡。」骰子一旦擲出，接下來的結果就取決於我們的抉擇。

因此，我們必須**謹慎思考，確保想法中不包含任何不希望出現在現實生活中的心理、道德或生理上的負面元素。**例如：想像你正在努力減肥，卻一直專注於飢餓感和不能吃的食物，這種專注將使得抵抗誘惑更加困難，反而有可能導致過度進食。若將焦點轉移到營養豐富的食物和愉快的運動上，則會有助於減輕飢餓感，並減少對於垃圾食物的關注。**培養洞察力可以幫助我們過濾自己的思考**，確保觀察與判斷事物時，不受負面元素的干擾與誤導。

洞察力作爲一種心智工具，能幫助我們在謹慎思考時，更透徹地了解問題全貌。它就像是心靈的望遠鏡，讓我們能夠**看穿事物的本質**，了解遠處的事實和情況。它也能幫助我們在任何事業中預見困難和可能性，**做出明智的決策**。

洞察力讓我們能夠提前爲可能遇到的障礙做好準備。因此，在這些障礙眞正造成困難之前，我們就已經有能力克服它們了。

洞察力讓我們能夠做出合理的規劃，將我們的思考和注意力集中在有益的方向，避免將時間和精力浪費在那些不會帶來任何回報的事情上。

因此，具備洞察力對於達成任何偉大成就都是絕對必要的。擁有了洞察力，我們就能進入、探索並掌握各種心理領域。

洞察力來自內在的世界，透過靜心和專注來培養。

練習看看

本週的練習主題是「**洞察力**」，請像平常一樣靜坐冥想，並且專注於以下幾點：

❶了解思想的創造力，不等於掌握思考的技巧。
❷知識本身並不會自動被應用。
❸我們的行為通常受到習慣、傳統和習性所支配，而不是知識。
❹唯一能夠讓我們應用知識的方法，就是下定決心、有意識地去努力實踐。

記住，未被使用的知識會慢慢地從腦海中消逝，**知識的真正價值在於原則的應用**。持續進行這樣的思考，直到你獲得足夠的洞察力，為自己制訂一個明確的計劃，並將這個原則運用在你遇到的問題上。

真心地思考，你的思想能滋養渴望知識的人；真誠地說話，你的每句言語都將成為有益的種子；真實地生活，你的人生將成為偉大崇高的典範和信條。

——波納（Horatio Bonar）

Lesson 16 財富是實現目標的工具

宇宙的律動遵循著一種週期性規律，引導所有生命體經歷誕生、成長、成熟和衰退的過程，這種規律被稱為「七律法」。這個法則不僅影響一週七天的循環、月相的變遷，還包括了聲音、光線、熱量、電力、磁力以及原子結構的和諧。七律法影響了個體的一生，也主宰國家的興衰命運，甚至還能主導商業世界的繁榮與蕭條。

按照「七律法」來看，人生被視為一個不斷成長和變遷的過程，每七年代表一個新的階段：第一個七年是嬰兒期；第二個是童年期，代表個人責任的開始；第三個是青春期。第四個七年進入完全成熟階段；第五個七年則進入建設期，這時人們開始積累財富和資源，建立家庭。接下來的 35 歲至 42 歲之間，人們會經歷變化和調整，為 50 歲開始的下一週期做好準備。

許多人認為世界即將走出第六個週期，進入第七個週期，這將是重新調整、重建與和諧的時期，被稱為「千禧年*」。

---

* 此處並非單指西元 2000 年，而是源自西方文化中的週期思想與《聖經》預言。20 世紀初，許多思想家認為人類正在邁向第七個週期「千禧年」，象徵著社會與個人心靈的轉變與重整。

了解這些生命週期的人，在面對似乎出錯的事情時不會慌張，而是能夠根據這些原則來應對，並堅信有更高的法則在背後控制一切。透過理解並有意識地運用這些精神法則，我們可以把每一個挑戰轉變為機會。

財富是靠辛勤勞動才能獲得的。資本只是勞動的成果，而不是產生財富的原因。資本只是人類發展的工具，而不是凌駕於人類之上的主人。

我們通常會把能夠交換、對人有用並帶來快樂的東西視爲財富。這種交換價值是財富的主要特點。

當我們仔細思考時，一般人可能會認爲擁有財富確實能帶來一些幸福感，但這種幸福感的增加是有限的。我們會意識到，**財富的真正價值**並不在於它本身的使用價值，而**在於它所具有的交換能力**。

財富的可交換性，讓它成為一種工具，讓我們能夠用財富去換取我們眞正想要並認爲有價值的東西，**從而實現我們的夢想**。

因此，財富永遠不應該是我們追求的目標，而只是**實現**

目標的工具。眞正的成功不只是擁有更多的財富，而是**擁有更高的理想**，並爲之努力奮鬥。

只要有了明確的理想，方法和手段就會自然而然地出現。但**千萬不要把手段當成目的**，一定要牢記自己的目標和理想。

美國作家莫福德（Prentice Mulford）曾說：「眞正成功的人，都擁有深厚的心靈理解力，而所有的巨大財富，都來自於超越常人的精神力量。」但是，有些人卻看不見這種力量的存在。他們或許忘了，像鋼鐵大王卡內基（Andrew Carnegie）的母親移民美國時必須工作養家，鐵路巨頭哈里曼（Harriman）的父親是年薪只有200美元的窮牧師，還有李普頓爵士（Thomas Lipton，立頓茶葉品牌創始人）是從只有25美分開始白手起家的。這些人看似沒有任何外在力量可以依靠，但是**心靈的力量**卻沒有讓他們失望。

想像力就是創造力，而創造力的過程包括三個步驟：理想化、視覺化和實現化。許多成功的企業家都利用這種力量來取得成就。在《Everybody's Magazine》* 的一篇文章

* 美國20世紀初廣受歡迎的大眾雜誌，以探討當時社會議題和刊載文學作品而著稱，為中產階級讀者提供娛樂與思想啓發。

中提到，一位石油百萬富翁分享了他成功的祕訣——**能夠完整地想像事物**。以下他與記者的對話展現了強大的創造力：

> 「你真的有把整個畫面想像出來嗎？我是說，你真的可以閉上眼睛，看到鐵軌和火車在上面運行嗎？還聽得到汽笛聲？你真的能做到嗎？」
>
> 「能。」
>
> 「有多清晰？
>
> 「非常清晰。」

在以上這段文字中，我們見證了法則的運作，體會到了「因果關係」的原理，感受到了思想的強大足以塑造我們的行爲。理解這個關鍵眞理後，我們會意識到，任何非理性的狀態都是暫時的，人類的經驗都遵循著一個有序且和諧的模式。

成功的商人往往都是理想主義者，總是不斷追求更高的目標。我們日常的思想和情緒，有如一股看不見的力量，正是這股力量凝聚成形，構成了我們的生活。

思想就像一種可塑性材料，我們利用它來塑造自己對生活的理解和想像。**思想的有效性取決於我們如何運用它**，正如其他所有事物一樣，能否清晰地認識並適當地使用思想，是我們能否取得成就的關鍵。

來得太容易的財富，往往伴隨著屈辱和災難，因爲**我們無法永久擁有我們不配擁有，或者沒有經過努力而得來的東西**。

我們在外部世界中所經歷的一切，都是我們內在世界的反映。這是**吸引力法則**的作用。那麼，該如何吸引我們想要的事物進入內在世界呢？

透過眼睛、耳朵等感官接收到的資訊會影響我們的思想，進而塑造我們的人生。這些資訊來自感官體驗、外在環境，甚至是我們過去的思考模式和負面想法。在接受這些資訊時，需要仔細分析其眞實性和影響力。

不過，我們也並非完全被動地接受外界影響。**我們可以透過內在的思考和想像，建立屬於自己的心智影像**。換句話說，即便身處不利的環境，我們依然能透過**積極的想法**，掌控自己的命運、身體、思想和靈魂。

我們可以運用這種能力來掌握自己的命運，擺脫被隨機事件操控的局面，創造自己想要經歷的一切。因爲當我們**有意識地專注於某種狀態時，這種狀態最終會顯現在我們的生活之中**。換句話說，**思想歸根究底是生命中推動一切發生的關鍵力量**。

因此，**控制自己的思想**，其實就是在控制自己的環境、條件和命運。

那麼，我們該怎麼控制思想呢？流程是這樣的：「思考」就是產生一個新的想法，而這個想法是好是壞？效果如何？則是取決於這個想法的內容品質。

一個新想法通常是這樣形成的：首先，我們的腦海中會出現一個影像或畫面。這個影像的強度、對思維的主導性、畫面的清晰度，以及影像的創新性和大膽性，都會影響這個想法的最終表現。

思想品質的好與壞，主要取決於它的內容，而這個內容則由構成我們心智的「材料」來決定。如果這些材料是由充滿活力、能量、勇氣和決心的思想所構成，那麼這個人必定能展現出這些優秀的特質。

最後，思想的活力源自於我們所賦予的情感。如果這個**思想是積極正面的**，自然會充滿了生命力並且茁壯、成長、進步。這種充滿創造力的思想會自動吸引實現它所需要的一切資源。

如果一個**思想是負面或具有破壞性的**，它本身就已經植入了自我毀滅的因素。這種思想最終會走向滅亡，但在過程中會帶來疾病、諸多不協調和各種麻煩。

我們平常所謂的「邪惡」，其實有時候是我們自找的麻煩。遇到困難時，有些人會把責任推給一股所謂「全能」的力量，然而這種力量並非神祕的外力，只是我們用來維持心理平衡和穩定的一種狀態罷了。

這種力量既不好也不壞，它就只是存在而已。

我們可以將力量分成不同的形式，這些力量會影響我們展現出善或惡的行為。

善惡並非客觀存在的事物，而是我們用來描述行為結果的詞語，而這些行為又是由我們的思想所決定。

我們的思想如果積極和諧，就會顯現出**善的結果**；如果消極混亂，就會顯現出**惡的結果**。

如果你想在腦海中構思一個全新的環境，這個過程其實很簡單：**就是在心中不斷地想像及描繪這個理想的場景，直到它在你腦海中變得清晰**。不必具體去考慮會涉及哪些人事物，細節並不重要。你所期望的環境會自然形成，適合的人和正確的事物，將會在適當的時間和地點出現。

雖然有時我們很難理解如何透過視覺化想像，來控制性格、能力、成就、環境和命運，但這是一個精確的科學事實。

只要稍加思考你就能明白：**我們的想法會決定心智的品質，而心智的品質又會決定我們的能力和思考力**。接下來的流程更容易理解：當我們能力提升，自然而然會帶來更高的成就和更強的掌控力來應對各種狀況。

由此可以看出，自然法則以一種非常自然和諧的方式運作，一切似乎都是「自然而然」發生的。想要證明這點很簡單，只要比較你生活中基於崇高理想和出於一己之私的行動所帶來的結果，就能不證自明。你會發現根本不需要其他更多的證據。

如果想要實現某個願望，你只要閉上眼睛，在腦海裡想像成功達成願望的畫面。透過「**視覺化想像**」這個方法，就像是在召喚成功一樣，用科學的方式就能讓願望在你的生活中顯現出來。

我們的眼睛只能看到客觀世界已經存在的事物，但是**透過視覺想像所看到的事物，其實在精神世界中早已存在。**只要我們對理想保持忠誠，那麼這些視覺化想像就像是有形之物，未來總有一天會在客觀世界中顯現出來。

這個概念不難理解，**視覺化本質上是一種想像力的運用。**這個思考的過程會在我們的腦海中留下印象，這些印象會逐漸形成概念和理想，如同建築師的藍圖，指引著我們未來的道路。

心理學家研究發現，人類其實只有一種感官，那就是**「感覺」**。其他感官（視覺、聽覺、嗅覺、味覺、觸覺）都只是感覺的不同形式而已。了解到這一點，我們就能理解爲什麼感覺是力量的根源，爲什麼情緒往往能壓倒理智，以及爲什麼想要獲得成果，就必須在思考中注入情感。**思想和感覺的結合，形成了無法抵擋的力量。**

視覺化想像必須受到意志的引導，我們需要**清楚地想像自己所渴望的事物，並且控制好想像力**，避免它失控。想像力是個好僕人，好用但不能自己主導，除非加以控制，否則可能會輕易地把我們引向毫無根據的猜測。未經分析就接受看似合理的觀點，最終只會導致思維混亂。

因此，我們在進行視覺化想像時，一定要建立**符合科學原理**的畫面，要仔細分析每一個想法。這樣一來，**你只會嘗試自己有能力完成的事情**，努力必然會獲得成功。商界人士將這種能力稱爲「**遠見**」，與洞察力大致相同，是所有重要事業成功的關鍵祕訣之一。

練習看看

本週的練習是幫助你理解一個重要觀念：**和諧和幸福來自我們的心理狀態**，而而非擁有的物質。財富是正確心態下的自然產物。因此，若想獲得物質上的富足，關鍵在於培養一種能爲你帶來**渴望成果**的心理狀態。一旦培養成功，我們便能輕鬆地將所渴望的事物視爲已然成眞的現實，從而在限制中找到解放，走上「眞理」之路。

在上帝面前，一個人讓恆星沿軌道運行的成就，不及於讓一個閃耀著金光的思想穿越時代、影響深遠的行為更加令人難忘。

——亨利．沃德．比徹（Henry Ward Beecher）

Lesson 17 專注讓你直接洞見事物本質

我們所崇拜的「神」，不論是有意識或無意識，某種程度上都映照了我們的思想。例如印第安人可能會形容神是一位強大的部落酋長；異教徒則可能提到諸如火神、水神等掌控自然元素的神祇。問以色列人，他可能會談到摩西，一位用十誡來統治的神；或者提到約書亞，一位帶領人民作戰和征服的領袖。

有些異教徒會雕刻偶像來膜拜，但比較聰明的人會知道，這些偶像只是幫助他們專注於追求特定生活品質的一種工具。

理論上來說，我們崇拜的是「愛」之神。但在實際生活中，我們創造了「財富」、「權力」、「時尚」等各式各樣的偶像，並且頂禮膜拜。這些偶像成為了主導我們生活的力量。

這些掌握關於「神」的知識的人，他們已學會區分象徵與實際，會關注原因而非只看結果。他們會專注於生活的真諦，從而對結果感到滿意，而非失望。

我們被告知人類擁有「主宰萬物」的能力，而這種能力是透過「心智」來實現的。思想如同指揮官，控制著所有低於它的法則。由於思想是萬事萬物的最高原則，所以必然影響並決定了所有接觸到的事物狀態、方向和關係。

心智力量是所有力量中最細膩、最強大的。對於能夠理解和超越心智力量的人來說，所有的物質力量都微不足道。

我們習慣用五感來觀察宇宙，因此經常導致我們把人類的特性套用到宇宙萬物上。但想要真正理解宇宙的本質和真理，僅憑這五種感官是不夠的。我們需要利用**內在的精神洞察力**，透過超越感官的方式來探索宇宙的奧祕。

要獲得這種洞察力，必須提升思維振動頻率，**將意識提升至更高層次**，就像調整廣播頻道以接收不同電波。**關鍵在於持續專注特定領域或對象**，從而進入特殊的意識狀態，以獲得非凡的洞察力。

持續專注是指思想平穩、不間斷的流動，是由耐心、堅持、毅力和良好的自我管理系統所達成的結果。

偉大的發現來自長期的持續研究與探索。數學這種科學需要多年的專注才能掌握，而最偉大的科學——心智科學——則需要專注和努力才能揭露其奧祕。

人們常誤解「專注」的意義，以爲需要不斷付出努力或是一直思考，其實正好相反。一個偉大的演員之所以出色，是因爲他演戲時能夠完全融入角色，忘記自我，使觀衆沉浸在表演的眞實氛圍裡。

這給了我們對於眞正「專注」的啓發：**你應當對所關注的事物擁有濃厚興趣，全神貫注其中，甚至因此忽視周遭的一切干擾**。如此的高度專注，才能獲得直覺的領悟，**直接洞見事物的本質**。

所有的知識都來自於完全的專注。正是透過專注，人類才得以揭開自然世界的奧祕。專注使你的心靈如同磁鐵吸引金屬一般，不可抗拒地吸引著知識，使其成爲你的一部分。

大多數欲望都潛藏在我們的潛意識中，不易被直接察覺。當目標還未清晰顯現時，僅靠意識層面的欲望往往難以實現；然而**潛意識深處的欲望能喚醒我們的內在潛能**，這股潛能可以讓我們輕易地解決看似棘手的問題。

透過專注，我們可以喚醒並啓動潛意識，讓它爲我們服務。想練習專注，需要控制身體、心靈並達到身心一致，包括控制身體的動作、情緒波動，以及腦中的各種想法。

那我們應該如何**控制潛意識**呢？關鍵在於能夠統合思想與潛意識的**「精神真理」**。唯有透過掌握精神眞理，才能引導潛意識的力量與方向，幫助我們突破目前有限的成就，昇華到更高境界，將思維模式轉化爲品格和意識。

很多人都誤解了專注，以爲只是不斷地思考。**真正的專注是要把想法轉化成實際行動，落實到生活中**。一般人根本不知道什麼是眞正的專注，他們只會喊著「想要擁有」，卻從來不去思考「如何成爲」。他們沒有意識到，沒有先建立內在價值，就難以實現外在成就。一時的熱情是毫無用處的，只有**堅定不移的自信**才能達成目標。

我們有時抱著過於崇高遠大的理想，反而把**目標設得太高而難以達成**，就像用一對未經訓練的翅膀試圖高飛，結果並不是在空中飛翔，而是墜落地面。但這並不應成爲我們放棄夢想和停止努力的理由。

真正阻礙我們成長的唯一障礙，是自己的軟弱無力。不要將軟弱歸咎於身體有缺陷或內心的不確定感。不要氣餒，再試一次。記住，任何事情都需要**不斷練習和反覆努力**，才能夠獲得完美的成就。

專注是解開謎題的關鍵：當天文學家專注於研究星星時，星星便透露出它們的祕密；地質學家專注於地球構造的研究，我們便有了地質學這門學科。這一點在其他領域也同樣適用。當人們專注於解決生活中的問題時，在當今複雜的社會也能找到答案，推動社會進步。

要在心理上有所突破，就需要具備強烈的渴望和專注。渴望是行動的能量，它激勵我們不斷地探索和學習。隨著渴望持續存在，我們獲得的洞察力也會更加深刻。正是這樣的渴望和專注，讓我們能夠從自然界中獲取寶貴的知識和智慧。

當我們實現偉大的思想，或體驗到與偉大思想互相契合的高尚情感時，心靈便會提升至欣賞更高價值事物的境界。

全心全意專注於一件事，並且急切地渴望成功，即使只是一瞬間，也可能比你慢慢地、勉強地努力好幾年還要有效。這種專注能夠解開心靈的枷鎖，幫助你擺脫不自信、軟弱、無能和自卑的限制，體驗到克服困難的喜悅。

想要培養主動創新的精神，靠的是**持續用心思考**。商業教育不應僅止於知識傳授，更應重視培養積極前進的價值觀。它應該幫助學習者發展出果斷的性格、務實的洞察力和快速決策的能力。在商業活動中，**心智扮演著主導的角色，而「渴望」則是驅使我們行動的主要力量**。事實上，所有的商業行爲都可以看作是「渴望」的外在表現。

許多堅定踏實的美德都是在工作中培養出來的。在商業環境下，人們的心思穩定、目標明確，做事更有效率。要達到這種心靈成長，關鍵在於**加強心智力量，讓它能控制住本能的衝動和外界誘惑**，並在高尚的自我與較低層次的自我之間，**做出正確的選擇**。

我們每個人就像發電機一樣擁有潛能，但這部發電機本身並不能產生電力。只有當我們用大腦來操作時，潛能才能被喚醒並且有效利用。大腦是一台強大的引擎，而思想則是驅動它的動力。思想是一股無所不能的力量，是所有事物形成、運作的主宰和創造者。跟思想的力量相比，身體的力量顯得微不足道，因爲思想能讓我們掌控所有其他的自然力量。

思想本身所產生的能量振動，即爲思想的行動表現方式。這些振動像波浪般向外傳播，吸引我們實現想法所需的各種條件和資源。思想的力量本身並不神祕，它能讓意識集中在一件事物上，直到跟那件事物融爲一體。就像食物被身體吸收成爲養分一樣，思想也能吸收所關注的事物，並賦予生命力。

當你**全神貫注地思考某件重要的事情，你的直覺力就會被激發**，主動提供資訊助你取得成功。

直覺是一種快速而準確的認知能力，不需依賴經驗和記憶就能得出結論。它能夠解決超出理性思維範圍的問題，並且直接揭露眞相帶來驚喜的突破，彷彿來自一種更高的力量。**直覺是一種可以培養和發展的能力。**

要做到這一點，首先必須認可它的重要性。如果你熱情地歡迎直覺的到來，它就會經常光臨；你越熱情，它來訪的頻率就越高。反之，如果你忽視直覺，它就會很少出現，而且來訪的間隔也會很長。

直覺往往在靜默中來訪。許多偉大的思想家都喜歡獨處，因爲在這種時刻，他們更容易思考和解決問題。因此，許多成功的企業家都會擁有一間私人辦公室，這樣他們就可以在不受干擾的情況下專心工作。**如果你沒有私人辦公**

室，也可以每天找些時間獨自靜坐，這樣可以幫助你的思緒更好地沉澱，並專注於實現目標的思考。

請記住，潛意識擁有無限的力量，只要運用得當，幾乎沒有辦不到的事。成功程度取決於你願望的性質：如果符合自然法則的規律，潛意識就會釋放力量，賦予我們無敵的勇氣。

越戰越勇，克服越多難關，你對自身能力的信心就會更加增強。成功來自你的心態，如果能保持積極向上的成功態度，並堅定不移地堅持下去，即使看不到的助力也會被你吸引而來。

當你將目標或想法牢記心中時，它就會變得越來越清晰和具體化。一個明確的目標會激發你的潛力，讓它在無形的世界中服務你，幫你找到實現目標所需的一切資源。

你可能在追求權力的象徵而非權力本質；你可能在追求名聲而非眞正的榮譽；你可能在追求財富而非眞正的富足；你可能在追求地位而非服務的精神。然而，當你眞正擁有所追求的這些東西時，會發現它們其實毫無價值。

用不勞而獲的方式獲得財富或地位往往無法長久，因為沒有經過努力的積累。**我們只能得到我們所付出的**，那些想要不勞而獲的人，最終會發現「付出與收穫」的平衡法則，會無情地將他們拉回正軌。

人們常追求金錢和權力的象徵，但是一旦我們了解真正的力量來源，就會發現這些象徵根本毫無意義。就像在銀行擁有大量存款的人，不會把口袋裝滿現金一樣。同樣地，發現了真正力量泉源的人，也不會再追求權力的虛假表象。

思考力會引導我們去探索外在的世界，循序漸進地獲得新知。然而，我們也可以將思想轉向內在，用來理解事物的根本原理、核心和精髓。當我們觸及事物的核心時，理解它就變得容易許多，甚至可以操控它。

所有事物之所以存在，是因為其**內在的精神**，這種精神實質才是構成這件事物最根本、最核心的本質所在。我們看到的外在表象，其實只是這種內在精神在物質層面上的投射和表現。

練習看看

本週的練習是盡可能專注地思考某件事物，就像本課所教的方法一樣。在練習的時候，不要刻意去想或是做任何事，只要放輕鬆就好。不要擔心結果會如何，放輕鬆、保持平靜才能發揮力量。讓思緒停留在你所設定的目標上，直到你只意識到那件事物本身，忘記其他一切。

如果你想要消除恐懼，就請專注於勇氣。
如果你想要消除匱乏，就請專注於豐盛。
如果你想要消除疾病，就請專注於健康。

你要時時刻刻專注在已經設定好的目標上。這個目標像是細胞核，是你整個生命的核心動力，它會向外發散能量，吸引和啓動那些實現理想所需的條件和資源，然後慢慢在現實中一點一點地轉化成眞實的存在。

只有能夠駕馭思想的人，才真正擁有思想。

——愛默生（Emerson）

Lesson 18 我就是宇宙智慧的個體化

為了成長，我們必須獲得所需的資源，這可以透過吸引力法則來實現。這個法則就像一個篩子，幫助我們從浩瀚的宇宙中篩選出對自己有益的東西。

想像一下，如果一個人沒有任何社會角色，例如丈夫、父親或兄弟，也沒有任何興趣愛好，不關心社會、經濟、政治或宗教，那麼他會是什麼樣子呢？答案是，他只會是一個毫無特色的抽象概念，沒有任何實際的存在意義。因此，一個人的存在價值，取決於他與周圍環境的互動，取決於與他人、社會的關係。這些關係構成了他的生存環境，也塑造了他的性格和特質。

由此可見，每個人都是宇宙心智中的獨特表現形式。宇宙心智就像一盞燈，照亮了每一個來到世界上的生命。而我們所謂的個性或人格，只是我們和宇宙心智以及周圍環境互動的方式。

吸引力法則不僅幫助我們獲取成長所需的養分，也塑造了我們的個性。在接下來的內容中，我們將更深入地探討這個重要的法則。

世界的思維正在悄悄發生轉變中，這場變革的影響力超越了歷史上任何一次思想變革。

當今世界上，無論是最高尚的知識分子，還是最基層的勞動人民，觀念都正在發生著前所未有的變革。

隨著科學技術的發展，人類不斷取得新的重大發現，揭露了宇宙中所蘊藏的無限資源和可能，展現出前所未有的強大力量。這些發現也讓科學家們更加謹慎，不再輕易肯定或否定任何理論。

一個全新的文明正在孕育誕生，傳統的習俗、信仰和規範正在逐漸消逝，取而代之的是前瞻性的思維、堅定的信念和無私的奉獻。綑綁人類的傳統枷鎖正在消融，物質主義的束縛正在被打破。思想獲得解放，眞理以其耀眼的光芒展現在人們面前。

整個世界正處於一個全新意識、全新力量和全新自我覺醒的前夕。

物理科學透過層層分析，將物質分解爲分子、原子，將其歸納爲能量。在一次皇家學會的演講中，英國電氣工程師和物理學家弗萊明爵士（J.A. Fleming）進一步提出，能量的根本本質可能與心智或意志有關。他認為：「能量的眞實本質可能遠超我們現有的理解，唯有透過意志的作用，才能一窺究竟。」

這股心智力量，是宇宙內在永恆不變的存有。它無處不在，存在於物質世界和精神世界之中。它是維持宇宙、賦予能量、充盈其中的精神。

所有生物都需要這種全能的智慧來維持生命。生命體之間的差異主要反映在智慧的程度上，**智慧程度越高，生命形式就越高等**。例如動物的智慧程度高於植物，因此擁有更高等的生命形式，而人類的智慧則超越了動物。智慧的差異也反映在個體控制自己行為模式的能力上：**智慧越高的生物，其自我調整以適應環境的能力也就越強**。

許多偉大思想家都在探索，如何與宇宙心智力量完美契合並達成和諧。實現與宇宙合一境界的關鍵，在於認識並順應宇宙心智中固有的運作規律和秩序。我們知道，只有當我們遵循宇宙心智的法則行事時，宇宙才會相應地回覆我們的期望。

正是因為對自然法則的理解，讓我們能夠克服時間和空間的限制，在空中翱翔、讓鐵浮起來。智慧程度越高的人就越能理解這些定律，進而掌握更強大的力量。

一旦覺察到自己是宇宙智慧的一部分，就能夠掌控正在沉睡的個體。這些個體尚未意識到宇宙智慧無處不在，且隨時可以被召喚和運用；他們也不明白宇宙智慧會回應每一個需求，因此被自身的存在所局限。

思想具有創造力，這個原理不僅合理，而且深植於萬事萬物的本質之中。然而，**這種創造力並非來自個體本身，而是來自於整個宇宙**。宇宙是所有能量和物質的根源及基礎，個體僅是這種能量的傳遞管道。

宇宙像是一個巨大的工廠，個體是工廠裡的零件，透過組合這些個體，宇宙能夠創造出無數事物。這些個體根據振動的法則互相結合，就像零件按照設計圖組裝成機器一樣。物質以不同的運動速度和精確的數學比例結合，就如同零件藉由精密設計組裝在一起，最終形成新的物質實體。

思想是一座無形的橋梁，將個人與宇宙、有限與無限、可見與不可見連結起來。如同一種神奇的魔法，**使人從單純的生存狀態轉變為能夠思考、理解、感受和行動的存在。**

就像望遠鏡能夠幫助我們觀察數百萬英里之外的星辰一樣，**透過正確的理解，人類可以與宇宙智慧**——宇宙萬物的源頭——**進行交流與溝通**。

若缺乏嚴謹的思考和論證，理解就如同一台未安裝錄影鏡頭的監視器，毫無價值。這樣的理解往往只是一些沒有意義的「信念」。即使是生活在原始社會中的人們也有自己的信念，但這並不能證明任何事情。

只有**經過嚴格考驗和論證，並被驗證為真的信念**，才是有價值的。一旦被證實，它就不再是信念，而是變成了活生生的**真理**。

這個眞理已經被數十萬人驗證過，並被證實爲眞實有效。它的眞實性完全取決於人們在實際應用中所使用的方法的有效性。

如同我們無法用肉眼看到數億英里外的星星，科學家也無法僅憑現有的技術來探索宇宙的奧祕。因此，科學家們不斷研製更強大的望遠鏡，以獲取更多關於天體的知識。

同樣地，人類在理解宇宙智慧的方面也不斷在進步，持續改進與宇宙智慧及其無限可能性溝通的方式。

宇宙中的智慧透過所有事物間的吸引力法則，在我們這個客觀世界中得以表現。每個原子都與其他原子產生一定程度的吸引力，這種**吸引力即宇宙智慧在現實世界中的具體顯現**。

所有事物之所以能夠聚在一起，是因為彼此之間有一種吸引和結合的力量。這種吸引力是一個普遍存在的原理，沒有它就無法實現宇宙萬物存在的目的。

為了成長，我們需要獲得一些必要的元素。但由於我們始終是一個完整的思考個體，這種完整性使得我們只有在給予時才能同時接收。因此，**我們的成長實際上必須依賴與他人的互動**。

在精神層面上，相似的想法會相互吸引。我們的思想會產生振動，只有當遇到與自己振動頻率相近的振動時，才會產生回應。

思想吸引相似的思想，一個人的財富反映了他的內在狀態，內在的豐盛是吸引外在財富的關鍵，生產能力是個人財富的眞正來源。因此，全心全意投入工作的人必定會獲得巨大的成功，因為他們會不斷地給予，**所給予的越多，所接收的也就越多**。

華爾街的金融家、產業領袖、政治家、大公司的律師、發明家、醫生、作家等，除了思想的力量之外，他們還爲人類的整體幸福做出了哪些貢獻呢？

思想是吸引力法則運作的能量，最終會顯現爲豐盛。

宇宙智慧猶如一顆平靜的心靈，只有透過我們的思考，才能將其細分並表現出多樣的形式。換句話說，我們的思維是心靈活動的動態表現。

力量取決於我們是否意識到自己擁有力量。如果不使用這種力量，我們就會失去它。同樣地，如果沒有意識到自己擁有這種力量，我們就無法使用它。

這種力量的運用取決於我們的專注力。專注程度決定了我們獲取知識的能力，而知識就是另一種形式的力量。

專注力常被視爲天才的重要特質。然而，這不是天生就有的能力，而是可以透過持續的練習來培養和加強的。

想要培養注意力，可以從「興趣」下手！越感興趣的事物，越能吸引我們專注；而專注力越強，我們就越能挖掘其中的趣味，進而產生更多想法和行動，形成良性循環。

這種興趣會吸引更多專注力，而這專注力又會產生更多興趣，如此循環。只要不斷練習，你就能培養出專注的能力。

練習看看

這週，請**專注於培養你的創造力，追求更深的洞察力和感知能力**，並尋找邏輯基礎來支持你的內心信念。想想看，人類在空氣中呼吸以維持生命，正如我們必須依賴空氣，我們的靈性生命也存在於一種更微妙的能量場中，同樣要依靠這股能量生存。

在物理世界中，生命從播種開始；同理，在靈性世界裡，結果的形成也必須先有種子的撒播，而這些結果則取決於種子的本質。因此，你所得到的成果取決於你對因果法則的理解，這是人類意識進化的一個重要階段。

我腦海中的每個想法，都會很快地轉變成一種力量，並且組織起一個龐大的工具系統來實現它。

——愛默生（Emerson）

Lesson 19 掌握心智就能掌控命運

恐懼是一種強大的心理狀態，它會使神經中樞癱瘓，進而影響血液循環。這種狀態也會導致肌肉系統的癱瘓，因此恐懼會影響我們的整體健康，包括身體、心理和肌肉。

克服恐懼的方法就是要意識到力量的存在。我們無法解釋這種神祕的力量，就像我們無法解釋電力一樣。但我們知道，只要遵守電力運行的規律，電力就會成為我們忠實的僕人，為我們提供照明、驅動機器等服務。

生命力也是如此。雖然我們無法理解它的本質，但我們知道它是存在於生命體中的原始力量。遵循生命力的原則，我們就能獲得更充沛的生命能量，展現出最高的心理、道德和精神效能。

這堂課將介紹一個可以開發這種力量的方法，如果你按照課程中的指引去做，過不了多久，你將能感受到那種通常只有天才能夠擁有的力量感。

尋找眞理不再只是靠運氣，而是一個有系統、有邏輯的過程。每段經歷都會在我們的決策中發揮作用。

在尋找真理的過程中，其實是在探索事物發生的根本原因。我們知道，每個人的經歷都是由特定原因引起的。如果能夠找出這些原因，並且發現**這些原因是可以被我們有意識地控制的**，那麼我們就能控制這個結果，也就是控制我們所經歷的一切。

人類將不再受命運擺布，而是成爲命運的主人。我們將像船長駕駛船隻、工程師操控火車一樣，輕而易舉地掌控命運。

萬物皆由相同的元素組成，這些元素可以相互轉化，因此它們之間始終存在著聯繫，永遠不會相互對立衝突。

在現實世界裡，存在著無數的對比現象，爲了方便起見，我們可以用不同的名字來稱呼它們。舉例來說，所有事物都有大小、顏色、深淺或端點，地球有北極和南極、物體有內部和外部、事物有可見的和隱藏的，但這些說法只是爲了對比兩種極端的狀態而已。

這些名稱只是用來稱呼同一事物的兩個不同部分。這兩個極端是相對的，**它們不是獨立的實體，而是同一個整體的兩個面向**。

在精神世界中，我們也能找到相同的規律。我們談論知識和無知，但無知只是缺乏知識，因此只是一種表達缺乏知識的詞語，本身並沒有一個明確的定義。

在道德領域裡，我們再次發現了同樣的法則。我們常說善與惡，但善是一種眞實、具體的存在，而惡則是一種負面的狀態，是善的缺失。有些人可能會認爲惡是一種眞實的存在，但惡其實沒有自己的原則、活力或生命力。

從這點可以看出，惡總是可以被善所消滅。正如眞理消滅錯誤、光明驅散黑暗一樣，當善出現時，惡就消失了，就是所謂的「邪不勝正」。因此，在道德世界中只存在一個原則，那就是善。

在精神世界中，我們也能發現同樣的法則。我們常常將心靈和物質視爲兩個獨立的實體，但如果我們用心去思考的話，會明白其實只有一個在運作的根本原理，那就是心靈本身。

心靈是真實且永恆的，而物質則永遠在變化之中。在漫長的歷史長河中，一百年只是短暫的一瞬間。現在，我們看到高聳的摩天大樓、各式各樣的汽車和現代的便利設施，但很難想像在一個世紀前，這些都是不存在的。而再過一百年，這些景象可能又會完全不同。

在動植物王國中，我們也發現同樣的變化法則。數以億計的生命不斷更迭，壽命卻通常只有幾年。在植物世界中，變化發生得更快，許多植物在一年之內就經歷了從生長到衰亡的完整週期。

把目光轉向無機物的世界，原本以為會找到一些更穩定的存在，然而當我們凝視看似堅固的大陸，地質學家卻說這是由海底隆起形成的。當我們眺望壯觀的山脈，卻發現它原本所在之處曾經是湖泊。站在優勝美地國家公園的壯麗懸崖前，我們可以輕易追溯過去冰川時代所留下的痕跡。

我們生活在一個不斷變化的世界中，這種變化是宇宙心靈的演化過程，是一連串事物不斷被重新創造的壯觀場景。漸漸地理解物質只是心靈所呈現的一種形式，因此只是暫時性的存在。**物質本身沒有任何規律，而心靈才是唯一不變的原則**。

綜合以上論述，我們可以得出結論：無論是物理的、心理的、道德的還是精神的層面，實際上都是由同一個原理在運作和支配，這個原理就是心智。

我們還知道這種心智是靜態的，是處於**休息狀態的心智**。我們也知道，個人思考的能力，就是他作用於宇宙心智並將其轉化爲動態心智的能力，也就是**活躍中的心智**。

爲了達到這個目的，我們必須攝取食物以提供大腦所需的營養，因爲人處在飢餓狀態下難以進行思考。因此我們可以發現，即使是像思考這樣的精神活動，也無法直接轉化爲快樂和成功。就像人體需要食物來維持運作，**如果要讓思考得以發揮效能，也需要透過物質手段來滿足生理需求**，才有足夠的能量進一步追求快樂與成功。

任何事物要發揮作用，都必須透過某種形式的能量轉化。例如收集電力後必須轉化爲動力，才能發揮作用；植物需要陽光供給能量來維持生命。同樣地，人類也需要食物作爲**能量來源**，以支持思考並與**宇宙心智**進行互動。

或許你已經了解，**思想是一個不斷演化的實體，永遠在尋找表達的方式**。無論你是否察覺，這都是不可否認的眞理。若你的思想堅定、積極且具有建設性，它會清楚地體現在你的身心健康和事業生活中。反之，若你的思想脆弱、消極、苛求且具有破壞性，則可能會導致焦慮、恐懼、神經質等問題，並影響到財務、事業和人際關係的健康。

所有的財富都源自權力。一個人所擁有的財產價值，並不在於財產本身，而是在於它所帶來的權力；同樣地，**事件的重要性也不在於事件本身，而是在於它對權力結構的影響**。

理解因果關係，就像蒸汽、電力、化學親和性（亦即物質之間的結合力）和地心引力的運行法則一樣，讓人們能夠勇敢地規劃，無懼地執行。這些法則被稱爲**自然法則**，因爲它們**控制著我們所處的物質世界**。但不要忘記，力量不僅存在於物質世界，我們的思想、道德標準和精神信仰同樣具有強大的力量。

我們的各級學校和大專院校，不正是培養心智力量的發電站嗎？在這些地方，學生的心智力量正不斷地被開發和提升。

就像許多強大的發電站利用能量來驅動重型機械，再將原料轉化爲日常所需或者讓我們生活更便利的各種用品一樣，**心智力量發電站**也能夠收集所謂的「原料」——我們接收到的資訊、知識以及經驗等，再將其轉化爲強大的心智能量，這種能力**遠遠超越了自然界的任何力量**。

在全球衆多的心智力量泉源中，究竟是哪些「原料」被收集並發展成一種能夠掌控其他一切力量的強大能力呢？**在靜態形式下，它就是「心智」；而在動態形式下，它則是「思想」**。

這種**心智力量**之所以強大，是因爲它存在於更高的層次。人類透過心智，得以**發現駕馭神奇自然力量的定律**，讓它們發揮數百甚至數千人的工作效能。心智也讓我們發現能夠縮短時間、跨越空間的法則，甚至超越了地心引力的限制。

思想是一種正在被積極開發的重要能量。在過去半個世紀帶來了驚人的成果，創造了一個即使是五十年以前的人也**難以想像的全新世界**。如果說這些心智力量發電站在過去五十年已經達到了如此成就，那麼在未來的五十年，還有什麼是我們不能期待的呢？

練習看看

本週的練習是「專注」。**所謂專注，就是讓你的思維完全沉浸在所思考的對象上，以至於暫時忘記其他一切**。每天花個幾分鐘試試看。就像身體需要營養一樣，我們的大腦也需要「心靈糧食」。為了讓身體強壯，我們會花時間進食，那為什麼不花點時間來吸收「心靈糧食」呢？

我們應該意識到：外表看得見的事物往往不見得是眞實的。地球不是平的也不是靜止不動的；天空不是一個實體的圓頂；太陽其實不會移動，星星也不是像我們看到那樣是小小的光點。此外，那些我們曾經認為是固定不變的物質，其實也都在不斷地變化中。

請想像一個全新的時代即將到來，我們已經能看到其曙光。隨著我們對宇宙永恆法則的理解越來越深入，我們將不得不改變目前的思考方式和行為模式。

畢竟，在人類事務中，沉默的思考是最有力的工具。

——查寧（Channing）

Lesson 20 人只能獲得所想之物

人們對於「邪惡」的起源始終爭論不休。神學家說：神是愛，神無所不在。如果這個說法是真的，那世界上不就沒有神不存在的地方？這樣的話，邪惡、撒旦和地獄又是從何而來？

讓我們來分析一下：神是靈性，而靈性是宇宙的創造原則。人類是按照神的形象所造的，因此人也具有靈性。「靈性」唯一的活動方式就是「思考」，思考本身就是一種創造的過程，我們所見的世間萬物一切形式，無論是建設性還是破壞性，其實都是思考所產生的結果。例如催眠術能讓人產生錯覺，以為「看到」或「感受到」不存在的事物，這是思想所創造的「虛構」形式；唯靈論者認為他們能夠「感知」到某些超自然現象的存在，則是思想所創造的「表現」形式。

發明、組織、建設等一切創造性的工作，則透過專注與思考的力量來實現。當思想的創造力被用來造福人類時，我們稱之為「善」；當思想的創造力被用來破壞或產生負面影響時，我們稱之為「惡」。由此可知，善與惡的本質其實都來自於「思想的創造力」，無論是正面還是負面，都只是我們為了描述思考所創造出的不同結果而發明的詞彙而已。

在這堂課中，你將進一步理解這個關鍵概念，並且學會如何運用它來塑造你的現實。

每件事物都有其本質，也就是它的「靈性」。這個本質是固定、不變且永恆的。它決定了該事物的價值。同樣地，每個人也都有自己的「靈性」，也就是他的本質。沒有靈性人就沒有自我，也失去了存在的意義。**人的靈性會隨著對自我和潛能的認知而不斷深化，思考也會變得更加活躍和強大。**

擁有再多物質財富，如果不好好利用，它們就毫無價值。同樣地，人擁有再多的精神財富，如果不好好了解與使用，也是一樣毫無價值。

所有偉大的成就都源自於深刻的領悟與認知。意識是力量的核心，而思想是它的傳遞者，這個傳遞者不斷地將無形世界的眞實性，轉化爲客觀世界中的具體情況和環境。

「思考」是人生中最重要的事情，而力量則是思考的成果。你隨時都可以掌握並運用思想和意識的驚人力量，但如果你對自己的力量一無所知的話，還能期待什麼結果呢？

如果只是停留在表面，被動地接受現狀而不深入思考或尋求改變，你就只能成爲那些會思考的人的工具。會思考的人懂得如何運用自己的力量，不願意思考的人只能付出勞力來維生。**思考得越少，需要付出的勞力就越多，而得**

到的回報也相對越少。

掌握自身力量的祕訣，就是**透徹地理解「心智」的運作法則、能量、使用方法以及各種心智的組合運用，同時也要完全理解我們跟宇宙心智之間的連結。**記住！這個原則是永遠不變的。

掌握這個穩定不變的原則，就是你發揮力量的絕佳機會。你是宇宙力量的展現，也是宇宙力量的行動媒介；宇宙的力量只能透過每個個體才能夠顯現。

當你察覺到宇宙的本質就在內心——也就是「你」自己本身時，**你就會開始行動，並切實感受到自己的力量。**這股力量會激發你的想像力，點燃靈感之火，爲思考賦予活力，使你能和宇宙之間所有看不見的能量連結起來。**有了這種力量，你可以無所畏懼地規劃未來並且付諸實行。**

只有處於靜默狀態，才能獲得真正的覺察——這似乎是實現所有偉大目標的必要條件。你是一個擁有想像力的個體，想像力就是你的創作空間，你的理想將在此被視覺化。

要讓這種內在力量發揮作用，首先必須完全理解其本質。你必須不斷地在腦海中想像和模擬這個視覺化的過程，以便需要時能夠馬上運用。眞正的智慧就是依循這個方法做事，這樣就可以隨時根據需要，從宇宙的無限智慧中獲得靈感。

我們可能還不能夠清楚理解這個內在世界的重要性，甚至直接忽視掉，但它實際上是一切存在的根本。當我們學會了解這個內在世界——不僅僅是自己的，還包括所有人、事、物和環境——才能找到這個據說存在我們「裡面」的「天國」。

「遭遇失敗」和「獲得成功」二者背後的原理其實是相同的，它們運作精確、毫無偏差。如果你心中充滿負面想法，例如匱乏、限制和不和諧，那麼這些想法就會顯現在生活的各個方面。對於貧窮、不幸或疾病的擔憂，也會迅速轉化爲不好的現實。就如《約伯記》所言：「我所擔心的事已經降臨到我身上。」如果你懷有不友善或無知的想法，同樣也會爲自己愚昧招致不良的結果。

如果能夠正確地使用思想的力量，它將成為有史以來最強大、最省力的工具。然而若不當使用，可能會帶來災難性的後果。只要掌握這股力量，就能充滿自信地完成看似不可能的任務，它是所有靈感和天才背後的祕密。

想要得到靈感，意味著必須打破常規，跳脫慣性思維，因爲非凡的成果需要非凡的手段才能達到。當我們了解一切的事物都互有關連，而且眞正的力量源自於內在，就等於找到了靈感的泉源。

靈感是一種吸收並自我實現的能力：它能調和個人心智與宇宙心智，它能使個體正確連結到一切力量的源頭，它能將無形轉化爲有形，它能使個體成爲無限智慧的流動管道，它能讓完美境界具象化，也能覺察無所不在的全知全能。

當我們理解並體認這種「無限力量」其實無所不在，既存在於無限廣大的世界，也存在於無限微小的事物時，我們就能夠吸收到它的精華。而當我們進一步明白這股力量的本質是「靈性」並且不可被分割時，就能領悟它能在所有地方同時存有的道理。

對於這些事實的理解，必須先從理智上認知，再進一步融入情感，只有這樣做我們才能深入汲取這海洋般無限力量的本質。只靠理智去瞭解是不夠的，必須也讓情感參與其中，因爲**缺乏情感的思想是冷漠的。我們真正需要的是「思想」與「感受」的結合。**

靈感來自內在，因此保持「靜默」是必要的，讓感官平靜、肌肉放鬆以培養內心的沉穩靜定。當你達到這種平衡與充滿力量的狀態，就已經準備好要接收那些能夠促進目標實現的訊息、靈感與智慧。

不要把這些方法與靈媒或通靈現象混爲一談，二者毫無關聯。靈感是一種「領受」的藝術，它能帶來人生中最美好的事物。**你的使命是理解並駕馭這些看不見的力量**，而不是被它們控制並支配。眞正的力量用來服務他人的，而靈感則是力量的泉源。學會理解並善用靈感的方法，就是超凡入聖之道。

我們的每一次呼吸都能讓生命更加豐盛——前提是我們要**「有意識地」這樣去做**。這個「意識」極爲重要，因爲**目標決定了注意力**，若缺乏專注，我們只會得到和衆人相同的結果——呼吸僅僅是爲了滿足最基本的生理需求。

如果想獲得更豐盛的生命能量，首先我們必須擴展自己的需求。當我們有意識地提升需求時，供應就會隨之增加，最終我們終將發現自己擁有更爲源源不絕的生命力、能量與活力。

這個道理其實不難理解，卻是生命中鮮爲人知的重要奧祕。如果你能眞正地掌握它，便會發現這是生命中最偉大的現實之一。

經典教義告訴我們：「我們在祂之中生活、行動、存在。」同時，祂被描述爲「靈性」，也是「愛」。因此，我們每次呼吸時，都是在吸入生命、愛與靈性，這就是「生命能量」（Pranic Energy）。沒有它，我們無法生存片刻。這股能量就是宇宙的能量，也是太陽神經叢的生命力來源。

每一次呼吸，我們不只是使空氣進入肺部，也讓這股生命能量充盈全身，因而得以和所有生命、所有智慧及所有物質建立起有意識的連結。

當我們了解自己和宇宙法則之間的關聯，並掌握和宇宙合而爲一的方法，就能從科學的角度理解如何擺脫疾病、匱乏或任何形式的限制。換句話說，這將使我們的內在眞正擁有「生命之氣（breath of life）」，彷彿親身將它從鼻子吸入。

這股「生命之氣」是超越意識的眞實，它是「我在（I am）」的本質核心，是純粹的「存有（Being）」或宇宙本質。當我們有意識地與之合而爲一，就能將其能量具體化，並且運用這股創造性的力量。

思想是一種創造性的振動，而我們所創造的品質完全取決於思想的品質。**因為我們無法展現自身並未擁有的能力**——我們必須先「成爲（be）」，才能「行動（do）」；而我們能夠「行動（do）」的範圍，則受限於我們所「存在（are）」的狀態。因此，我們的行動必然與我們的「存在」一致，而我們的存在則完全取決於我們的「思想」。

每當我們思考的時候，就會啓動一連串的因果關係，最後產生與你思想本質相符的結果。與宇宙心智和諧的思想，將帶來相應的和諧狀態；而具有破壞性或不和諧的思想，則會產生相應的負面結果。你可以選擇用思想帶來建設或毀滅，但宇宙法則是不變的——**我們無法播下某種思想的種子，卻期待收穫不同的果實**。這股創造性的力量任由我們自由運用，但我們也必須承擔相對應的後果。

這正是「意志力」所帶來的風險。有些人**誤以為可以依靠意志力來強行改變宇宙法則**，認爲自己可以播下某種思想種子，並靠著「意志力」來讓它結出不同的果實。然而，創造力的基礎是宇宙法則，試圖以個人意志來迫使宇宙法則屈從於個人願望，是一種錯誤的觀念。這樣做或許在短時間內看似成功，但最終必然註定失敗，因爲這種做法與所運用的力量本身完全背道而馳。

這麼做等於是以有限的個體試圖對抗無限的宇宙，是小我與大我之間的衝突。唯有和宇宙持續進化的過程保持和諧與合作關係，才能確保自身長久的幸福與成功。

練習看看

這週的練習要你請進入「**靜默之境**」，並且專注於這個事實——我們在祂之中活動並存在——這不僅僅是象徵性的表達，而是科學上的精確事實！你之所以存在，是因為祂存在；如果祂無所不在，那麼祂也必然在你之內；如果祂是萬物之源，那你也會存在祂之內。祂是靈性，而你是按照祂的形象與樣式所造的，因此祂與你的靈性只會有程度上的差異，並無本質上的區別。當你能夠清楚地領悟到這一點，就能掌握「**思想創造性能量**」的奧祕，理解善與惡的根源，洞察專注力的驚人力量，並且發現解決各種問題的關鍵——無論是身體上、財務上還是環境上。

深入和清晰地思考的能力，是對抗錯誤、謬誤、迷信、非科學理論、不理性信念、盲目崇拜和狂熱主義的有力武器。

——哈達克（Haddock）

Lesson 21 人人平等

很榮幸能為你呈上 Lesson 21。在第 7 段，你會發現成功的祕訣之一，也是成功人士的共同特質之一，就是把格局放大，思考才會更宏觀、更有遠見。

在第 8 段則會探討「潛意識記憶模式」，也就是當我們長時間在意識層面專注於某個想法或信念時，它就會滲入潛意識中成為一種內在模式。而這種模式將透過創造性的能量影響我們的行動、生活與環境。這正是祈禱之所以擁有神奇力量的奧祕——讓我們的信念內化，最終顯化為現實。

我們已經知道宇宙運行是有法則的，每個結果必定有其原因。而同樣的原因在相同條件之下，也必然會產生相同的結果。

因此，如果祈禱曾經應驗過，只要符合適當條件，它就一定會再次應驗。這個法則必定是真的，否則宇宙將會一片混亂，而非目前井然有序的系統。因此，祈禱也會遵循這個法則，就像萬有引力與電磁作用一樣，是明確、精準且科學的。只要我們理解這個法則，就能脫離迷信與盲從，而是立足於堅實的科學基礎之上。

遺憾的是，真正懂得如何祈禱的人卻少之又少。人們知道電力、數學與化學都有遵循的特定法則，但不知為何卻很少人意識到，靈性世界同樣存在著明確、科學、精準且恆常不變的運作法則。

力量真正的奧祕之處在於對力量的覺知。宇宙心智是不設限、無條件的，因此，當我們越能意識到自己和宇宙心智是一體的，就會感覺條件和限制變得越來越少。當我們擺脫環境的束縛之後，便能領悟到宇宙心智那無條件的存在，體驗到眞正的自由！

一旦意識到內在世界所蘊藏的巨大力量，我們就能開始運用這股力量，並且發展出這股洞察力所能實現的更多可能性。因爲無論我們意識到什麼，最終都會在客觀世界中顯現出來，轉化成爲具體的表達。

因爲無限心智是萬物的起源，它是唯一且不可分割的，每一個體都是這股永恆能量的展現途徑。我們的思考能力就是運用宇宙力量的能力，而思想決定了我們在客觀世界中所能創造或產生的事物。

這個發現帶來驚人的結果：原來心智的質量是非凡的，數量是無限的，並且包含著無數的可能性。當我們覺察到這股力量時，就像化身爲一條「電線」，和普通電線接觸到通電主線的情況一樣，瞬間充滿能量。宇宙就是那條通電的主線，它蘊含足以應對每種人生境遇的能量，**當個體心智接觸到宇宙心智時，便能獲得一切所需的能量**，這就是我們的內在世界。所有科學都承認這個內在世界是真實存在，而**我們所能發揮的力量，完全取決於我們是否覺知它的存在**。

消除不完美條件的能力取決於心智行動，而心智行動則取決於我們對於力量的覺知。因此，我們越是意識到自己與萬能之源是一體的，掌控和駕馭生活中各種情況的能力就會越強大。

放大思考格局能夠自然消除所有狹隘的想法，因此懷抱遠大目標有助於克服狹隘與不良的思維模式，掃除許多在我們前進道路上瑣碎而惱人的障礙，使思維拓展到更廣闊的世界，並且進一步提升心智能力，讓我們更容易完成一些有價值的事情。

這是成功的祕密之一，也是獲勝的方法之一，更是大師級人物的共同特質——**格局放大、眼光放遠**。我們的心智具有無限潛力，處理大事小事都一樣得心應手。不受限於事物的規模，能在宇宙的宏觀世界與微觀世界中自由運行。

當我們明白這些關於心智的眞相後，便能學會如何藉由**在意識中創造應的條件，來讓我們自身的環境發生變化，也就是所謂的心想事成**。因爲任何長時間停留在意識中的事物，最終都會被烙印在潛意識中成爲一種思維模式，透過創造性的能量影響我們的行動、生活與環境。

藉由這種方式，各種條件得以被創造出來，生活就是我們中心思想與心態的反映。由此可見，正確思考的科學才是唯一眞正的科學，因爲它包含了所有其他科學。

透過這門科學，我們了解到每一個念頭都會在大腦中留下印記，形成我們的信念和心理傾向，進而塑造出性格、能力與目標。而性格、能力與目標的綜合作用，則決定了我們在人生中所遭遇的經歷。

這些經歷透過吸引力法則來到我們身邊。藉由這個法則的運作，使我們在「外在世界」中遇見與「內在世界」相對應的經歷。

我們的中心思想或心態如同吸力強大的磁鐵，遵循「物以類聚」的法則，吸引著和我們本質相對應的環境與條件。

這種心態就是我們的個性，是由我們長期在心中創造的思想所構成。因此，**如果想要改變外在環境條件，唯一要做的就是改變我們的想法**。這麼做將進一步改變我們的心態與個性，最終改變我們在生活中所遭遇的人事物與經驗。

雖然改變心態並非易事，但透過持之以恆的努力可以辦到。我們的心態是根據大腦所攝錄的心智畫面而形塑的，**如果你不喜歡這些畫面，那就摧毀舊有底片創造出新的影像**——這就是「視覺化想像」的藝術。

一旦這麼做，便會開始吸引與你的新畫面符合的新事物。爲此，你需要**在心中清晰地刻劃出你所渴望實現的願景**，並持續想像這個畫面，直到結果顯化出來爲止。

如果這個願望需要決心、能力、才華、勇氣、力量或其他任何精神能量，這些要素便是你畫面中不可或缺的部分。將它們納入其中，因爲它們是畫面的核心靈魂。這些要素能與思想結合，創造出不可抗拒的**吸引力**，將你所需要的一切帶到身邊。這些要素爲你的畫面注入生命，而生命意味著成長，一旦它開始成長，就幾乎確定可以實現了。

無論你正在從事什麼，都要毫不猶豫地勇敢追求最高成就。因爲**心智力量隨時準備好協助擁有明確目標的人**，將最崇高的願景化爲具體行動、成果與事件。

我們可以用「**習慣的養成方式**」來說明心智力量的運作模式。當我們一次又一次地重複做某件事，它就會變得越來越簡單，甚至幾乎自動化。同樣的道理也適用於戒除壞習慣——當我們停止做某件事，然後一次又一次地避免它，直到完全擺脫爲止。即使偶爾失敗了，也千萬不要氣餒，因爲這個法則是堅不可摧的，它會**記錄並認可我們每一次的努力與成功，即使這些努力和成功有時候是斷斷續續的**。

這個法則的力量是無限的，它能爲你帶來超乎想像的成果，因此要勇敢地相信自己的想法。記住！「自然」會順應你的理想。**請把理想視為已經實現的事實，它就真的會成為現實**。

人生眞正的戰場是思想的較量，這場戰爭是少數創新者與多數人的競爭：一方是積極進取、富有創造性的思想，希望推動社會進步；另一方是固守現狀、抗拒變革的思想，傾向維護既有秩序。創造性思想會受到理想的驅動，而保守的思想則被現有框架制約。無論哪一方，各領域的人才都參與其中發揮不同的影響力，包括科學家、文學家、企業家和政治家。

在推動創新的陣營中，有人鎮日埋首實驗室，透過顯微鏡或望遠鏡探索未知，有些則在商業、政治與科學領域中引領變革。另一方則由千百萬名習慣維護傳統、不輕易接受改變的人組成，他們更關注過去的經驗而不願貿然展望未來，更專注於外在世界，卻可能忽略了對自己內在世界的探索。

歸根究底，所有人終將在這兩條道路之間做出選擇——前進，或是後退。**在這個不斷變動的世界裡，沒有原地踏步的選項**。許多不願改變現狀的做法，往往成為維護既有體制的力量，使某些不公不義的法則得以延續。

當前的世界正處於轉型期，這點可以從無所不在的動盪與不安中得到驗證。人類的抗議聲如同天際雷鳴，一開始只是低沉的抱怨，然後逐漸增強為震耳欲聾的雷聲，最終閃電劈開天空，大地也為之震動。

在工業、政治和宗教領域中，最前線的先驅者正焦急地彼此詢問：「黑夜將盡，而黎明何時到來？」他們所處的局勢變得越來越危險，現有秩序讓人感到擔憂與不安。新時代的曙光已經升起，這也意味著舊有制度將無法長久維持下去。

舊制度與新秩序互相較量，核心問題在於人們如何理解這個宇宙。當大衆意識到宇宙中至高無上的精神力量，實際上就存在於每一個人之內時，就有可能制定出符合大衆權益的社會制度與法律，而不再只是屬於少數人的特權。

但如果人們一直認爲「宇宙的力量與人類無關」，就很容易接受特權階級的統治，即便社會輿論再怎麼抵制也無濟於事。因此，**真正符合民主精神的做法，是提升個體的自主意識，讓每個人都能認知到自己的價值與潛能**。我們應該明白，所有力量都來自於內在。任何人的權力都不應該凌駕於他人之上，除非這種權力是經由公平的機制所授予。舊有制度試圖讓人們相信法律高於立法者本身，這種觀念助長了不平等與特權，並進一步鞏固了階級制度。

「宇宙心智」不會對任何人有所偏袒，也不會出於一時情緒波動而隨意改變運行方式；它不會因爲憤怒、怨恨或嫉妒而懲罰某人，也不會因爲奉承、哀求或同情而特別賜予某人渴望的幸福或生存所需資源。「宇宙心智」對所有人一視同仁。然而，**當個體真正理解並體認到自己與宇宙法則是一體時，便會發現自己似乎被特別眷顧**，因爲他找到了健康、財富與力量的眞正來源。

練習看看

本週的練習請專注於「眞理」。試著體會「眞理能使你自由」的意義，也就是說，當你學會運用科學而正確的思考方式與原則時，將沒有任何事物能永久阻礙你取得完美的成功。請意識到你正在將內在靈魂的潛能顯化成外在環境的現實；請感受在靜默中領悟眞理的無限機會，並試著理解「全能」本身就是絕對的靜默之境，而其他一切都是變化、活動與限制。因此，**沉靜思考與專注思維**，才是眞正能觸及、喚醒並表達內在世界無窮潛能的關鍵方法。

思考的潛能是無限的，影響也是永恆的，但很少有人會花心思引導自己的思維朝有益的方向發展，而是任由它隨機發展。

——馬登（Marden）

Lesson 22 振動法則

在這堂課中，你將會發現「思想」就像是精神的種子，當這些種子植入潛意識時就會萌芽成長。但遺憾的是，結出的果實往往並不符合我們的期待，反而多是負面的，好比恐懼、煩惱、焦慮、緊張、嫉妒、憎恨等負面想法，會轉化為身體的各種形式的發炎、癱瘓、神經衰弱等疾病。

生命的運行包含兩個核心機制：

1. 吸收並利用營養物質來建構細胞
2. 分解並排除廢棄物質

所有生命現象皆奠基於這種「新陳代謝」的活動，而食物、水與空氣則是建構細胞的必須品。按照這樣看來，想要延長生命似乎並不是很困難。

雖然聽起來有點奇怪，然而除了極少數的例外，導致疾病的幾乎都是第二個機制，也就是分解並排除體內廢棄物質的機制。當廢棄物質堆積並滲透到身體組織時，便可能會引發自體中毒。這種情況有可能是局部的，也有可能是全身性的；前者會造成局部不適，後者則影響整個生理系統。

因此，在治療疾病的過程中，首要目標就是增加生命能量的流入，並分配到整個生理系統。要做到這一點，唯一的辦法是消除恐懼、煩惱、焦慮、緊張、嫉妒、憎恨等一切負面想法，因為這些想法會破壞負責代謝與排毒的神經和腺體，導致身體機能失衡。

雖然健康食品和營養補充品可能有助於身體修復，但並不能直接賦予生命。真正重要的是如何透過適當的方法，讓內在的「生命能量」流動順暢，本課將進一步仔細說明。

知識是無價的，**因為透過運用知識，我們可以打造自己想要的未來**。當我們意識到目前的性格、環境、能力和身體狀況，全都源於自己過去的思考模式時，就能開始體認到知識的眞正價值。

如果我們的健康狀況不如預期，不妨**檢視自己的思考模式**。請記住，每個念頭都會在心靈中留下印記；每個印記都是一顆種子，會深深植入潛意識並逐漸形成一種傾向，而這種思考傾向將吸引更多類似的想法。在我們還來不及意識到這個事實之前，其實就已經收穫了這些思想的成果。

如果我們的思想裡潛藏著致病的種子，那麼我們所收穫的就是病痛、衰頹、虛弱和失敗。問題的關鍵在於：**我們在思考什麼，我們就會創造並收穫什麼**。

如果我們有任何身體狀況需要改善，**「視覺化想像」**被證明是有效的。在腦海中勾勒出一個完美健康的身體形象，並持續專注於這個畫面，直到它**被吸收成為潛意識的一部分**。許多人透過這種方法，在幾週之內就擺脫了慢性疾病；更有成千上萬的人在幾天、甚至幾分鐘之內就成功舒緩了各種常見的身體不適。

正是透過振動法則，心靈才得以對身體進行控制。我們知道，所有的心理活動都是一種振動，而一切物質形態皆爲一種運動模式或振動頻率。因此，任何特定的振動頻率都會立即改變身體裡的每一個原子，每個細胞都會受到影響，並使所有生的命細胞群組產生化學變化。

宇宙中的一切都是因爲振動頻率而呈現當前狀態，因此改變振動頻率，就能改變其本質、特性與形式。大自然的壯麗景象——無論可見或不可見的——時時刻刻都隨著振動頻率的變化而不斷改變。**既然思想本身也是一種振動，我們可以掌握這種力量改變振動頻率，從而在身體上顯化我們所渴望的狀態**。

事實上，我們隨時隨地都在使用這種力量，問題是大多數人都是在無意識狀態下使用，才往往產生不理想的結果。眞正的課題在於我們要**如何有意識地、有智慧地運用它**，從而創造出我們想要的結果。其實這並不難，因爲我們已有足夠的經驗去判斷哪些想法會在身體中產生令人愉悅的振動，哪些念頭則會導致不愉快的感覺。

我們需要做的只有**參考自身的經驗**。當我們的思考充滿積極、進步、正向、勇敢、高貴與善良，或其他任何令人滿意的情緒時，便會啓動特定的振動頻率，從而產生相應的結果。相反地，當我們的思想充滿嫉妒、憎恨、怨懟、批評，或其他其他無數種負面情緒時，也會啓動特定的振動頻率。這兩種振動頻率若持續存在，會產生截然不同的結果：前者帶來心理、道德與生理上的健康，而後者則導致不和諧、不協調與疾病。

由此，便能理解心靈對身體具有何等強大的掌控力。

我們都知道客觀意識對身體有某些影響，例如有人說了一些好笑的事時你會大笑，甚至笑得花枝亂顫，這表示思想控制了身體肌肉。或者有人說了些讓你感到同情的事，你的眼睛就會泛起淚水，這說明思想控制了淚腺。又或者有人說了讓你生氣的話，甚至氣到臉紅脖子粗，這證明思想可以控制血液循環。以上這些例子都是**客觀意識對身體引起的暫時作用**，影響很快就會消失，身體又會恢復原狀。

讓我們來看看**主觀意識對身體的影響**和客觀意識有何不同。假設你受了傷，數千個細胞會立即開始進行修復，幾天或幾週之後就能完成修復、癒合傷口。即使是骨折，事實上全世界沒有任何一位外科醫生，能夠眞正將斷裂的骨頭接合（這裡不包含植入鋼釘或用其他醫療手段強化、替換骨骼）。醫生只能幫你把骨頭固定起來，而你的主觀意識則會立即啓動修復機制將骨骼重新接合，並在短時間內復原。同樣地，如果你不小心誤食毒物，主觀意識會立刻察覺危險，並動員身體做出強烈的排毒反應。如果你感染了危險的細菌，主觀意識會迅速在受感染區域築起一道屏障，並且調動白血球來吸收並消滅病原體。

這些由主觀意識所主導的修復過程，通常都在我們不自覺的情況下進行。只要我們不加以干預，它們就能順利運作並達到理想結果。然而，這些數以百萬計的修復細胞都具有智慧，會對我們的思考作出反應。**如果內心經常充滿恐懼、懷疑或焦慮，這些細胞就會被癱瘓而失去功能**。就像準備就緒的工班要展開一項重要工程，但每次剛要動工時就被喊停或者更改施工計劃，最後工人們只會感到心灰意冷，或者乾脆放棄。

維持健康的祕訣建立於**「振動法則」**，同時也是所有科學的基礎。而這項法則是由我們的心智，也就是「內在世界」來運作，需要依靠個人的努力和實踐。眞正的力量泉源就在我們的內心，如果我們足夠明智，就不會浪費時間和精力去嘗試應付「外在世界」的種種，因爲外在世界只不過是內在世界的表象與投射而已。

我們必須回到「內在世界」去尋找眞正的原因。**當我們改變了「因」，「果」必然也會隨之改變**。

身體中的每個細胞都具有智慧，會回應你的意念與指示。它們都是創造者，會根據你提供的「藍圖」來建構你的身體。

因此，當我們在潛意識中植入完美形象時，創造性能量就會打造出一個完美的身體。

同樣的原理也適用於腦細胞的構成。大腦的品質取決於精神與心理狀態，如果我們的心中充滿消極的想法，這些負面訊息就會被傳遞到身體裡。因此，想要擁有健康、強壯和充滿活力的身體，就必須**讓正向思考居於主導地位**。

我們知道，人體中每個元素都是某種振動頻率的結果。

我們也知道，心智活動本質上也是一種振動頻率。

再更進一步地說，較高的振動頻率能夠支配、調整、控制、改變，甚至消滅較低的振動頻率。

我們了解振動頻率取決於腦細胞的特性。

最後，我們也明白應該如何培養這些腦細胞。

因此，我們能夠**使身體產生任何想要的物理性改變**。而當我們能夠掌握心智力量到這種程度時，就會發現幾乎沒有任何限制，可以阻礙我們與全能的自然法則和諧共振。

心智對身體的影響或控制漸漸得到廣泛的理解，許多醫生也開始嚴肅看待這個議題。曾撰寫過多本相關重要書籍的英國醫師阿爾弗雷德 ·T· 斯科菲爾德（Dr. Alfred T. Schofield）曾說：「心理治療主題至今仍被傳統醫學著作所忽視，生理學教科書中也幾乎沒有談到控制身體運作、維持健康的核心力量，心智對身體的影響也很少被提及。」

毫無疑問，許多醫生在治療功能性神經障礙時，都取得了良好成效。但我們認爲他們所展現出的知識，並非來自醫學院的課堂或書本，而是直覺和經驗的積累。

這樣的情況不應該存在！心理治療的力量應當成爲每所醫學院課程中一門嚴謹、專業且科學的討論主題，我們可以更詳細地探討錯誤治療或忽視治療所帶來的可怕後果，但這是一項艱巨的任務。

毫無疑問，**很少有患者意識到能為自己做多少事**。病患可以爲自己做些什麼？能發揮多少力量？目前仍未被完全發掘。但我們傾向於**相信這些力量遠遠超乎大多數人的想像**，並且將來必定會被更廣泛地加以應用。病人可以透過心理治療來幫助自己，例如喚起喜悅、希望、信念與被愛的感受來平復激動的心情；透過尋找努力奮鬥的動機、規律進行頭腦體操，來轉移對疾病的注意力。

練習看看

本週的練習請專注於英國詩人丁尼生（Alfred, Lord Tennyson）的優美詩句：

向祂說話吧，因為祂在聆聽，
靈魂與靈魂能夠交會。
祂比呼吸更貼近，
比雙手雙足更親近。

然後試著體會，當你眞正「向祂說話」時，你其實已經與全能的力量進行交流。

當你能夠體認並意識到這股**無所不在的力量**時，任何疾病或痛苦都將迅速瓦解，取而代之的是和諧與完美。但別忘了，有些人認爲疾病與痛苦是受神所賜——若果眞如此，那每一位內科醫師、外科醫師和紅十字會的護理人員，不就等於是在違抗神的旨意？醫院與療養院則成了違抗神的反叛場所，而非慈悲的殿堂。這種想法很快就被認爲是荒謬的，但仍有許多人深信不疑。

當我們撇開對神的誤解，就更能看見祂的眞實本質。體悟到這一切之後，你將更容易了解「理想的人類形象」——按照神的形象與樣式所創造的人。也將更容易體會宇宙之間唯一的原始心智，也就是那股形成、支持、維繫、起源並創造萬物的根本力量。

「萬物都是偉大整體的一部分，自然構成它的軀體，神靈則構成它的靈魂。」洞察力引導機會，行動是隨著靈感而展開，成長是隨著知識的積累而發生，卓越則是隨著不斷進步而達成。一切都是從精神開始，然後轉化為無限成就的可能。

Lesson 23 金錢與靈性

在這堂課中，你將會發現金錢是如何融入我們日常生活的各個方面。你也將理解到，成功的法則就是服務，因為我們付出什麼、就會收穫什麼，因此，我們應該把「付出」視為一種莫大的榮幸。

我們知道，思想是一切建設性事業背後的驅動力。因此，我們能為別人付出最有價值的東西，就是我們的思想。

創造性的思考需要注意力，而注意力——正如我們所發現——幾乎可說是「超人」的武器。注意力培養專注力，專注力培養精神力量，而精神力量則是世上最強大的力量。

這門學科涵蓋了一切科學，也是與人類生活最密切相關的一門藝術。在掌握這門科學與藝術的過程中，還有無限的進步空間。想達到這種完美境界不是 6 天、6 週或 6 個月就能辦到，必須付出一生的努力，而且不進則退。

正向積極、有建設性與無私的思想，必然會帶來深遠而正面的影響。因為「補償」是宇宙的關鍵法則，自然界不斷尋求平衡，當我們付出某樣東西時，也勢必會得到回報，否則就會形成不平衡的真空狀態。

只要遵循這個平衡法則，就一定能夠獲得豐盛的回報，證明你的努力絕對不會白費。

「金錢意識」是一種心態，是一扇通往商業脈動的門戶，也是一種接納的態度。**「渴望」能吸引金錢流向你，而「恐懼」則是阻撓金錢流入的最大障礙**，甚至可能使金錢的流向完全逆轉、離你而去。

「恐懼」與金錢意識正好相反，代表了**「貧窮意識」**。由於宇宙法則永恆不變，我們所得到的會等於我們所付出的；如果我們心懷恐懼，就會引來最害怕的事物。金錢則已經融入我們日常生活的各個方面，並且會吸引最優秀的思想投入其中。

我們透過結交朋友來創造財富，透過助人致富來拓展人際關係。因此，**成功的第一條法則就是「服務」**，而服務又必須建立在誠信與公正的基礎之上。缺乏公平意識的人只能說是無知，因爲他忽略了所有交易的基本法則，註定會失敗——即使當下他以爲自己贏了，但最終的敗局已經無可避免——因爲沒有人能騙得過宇宙法則；補償法則將會要求他「以眼還眼，以牙還牙」。

生命的能量是流動的，由我們的思想與理念組成，並被塑造成形。因此，我們的課題就是保持開放心態，不斷追求新事物，辨識每一個機遇，享受過程而不是只在乎目標，因爲**真正的樂趣來自追求目標的過程，而非最後結果。**

你可以使自己成爲「吸金石」，但要做到這一點，首先必須考慮如何幫助他人賺錢。如果你擁有足夠的洞察力，能夠發現和運用機會、掌握有利條件，並準確地識別潛在價值，就能讓自己處於優勢位置。但最重要的是，**你的成功將與「利他」能力成正比**，「一人得利，雨露均霑」的觀念，才是財富累積的眞理。

慷慨的想法充滿了能量與活力，而自私的想法則蘊藏著衰敗的種子，終將瓦解消失。偉大的金融家只是財富流通的管道，巨額資金來來去去，但如果停止了支出，那麼收入也會隨之停滯。因此，當我們**認清付出與收穫一樣重要時，才能夠取得更大的成功。**

如果能夠體悟到萬能的宇宙力量是一切財富的根源，我們就會調整意識與這股豐盛的能量進行連結，而這股能量將源源不絕地將我們所需的一切吸引過來。我們將會發現自己**付出的越多，獲得的也就越多**。這裡的「付出」指的是各種形式的服務——銀行家提供資金，商人提供商品，作家提供思想，工人提供技能。每個人都有自己能夠付出的東西，當他們「給」的越多，「得」的也會越多；**而當收穫越多，有能力貢獻出去的也就越多。**

金融家之所以能夠獲得巨額財富，關鍵在於他們付出的也多。他們思考，卻很少讓別人爲他們思考。他們關注怎麼做才能夠確定達成目標，而你必須向他們證明你的方法可行，這樣他們才會**提供資源讓成千上百人受益，也同時成就他們自己的財富**。美國金融家摩根（J. P. Morgan）、實業家洛克斐勒（John Davison Rockefeller）、鋼鐵大王卡內基（Andrew Carnegie）等人，並不是因爲讓別人賠錢而致富；相反地，他們正是因爲幫助了無數人致富，才能成爲全球最富有的人。

一般人根本不會進行深度思考，**只是一味地接受別人的想法**，並像鸚鵡學舌般重複。當我們了解公眾輿論形成的機制時，就很容易看出這一點，而且絕大多數的人似乎**心甘情願地讓少數人為他們進行所有思辨**，這種服從的態度使得許多國家的少數人得以壟斷權力途徑，並且控制著數百萬人。**而真正的創造性思考，則需要注意力。**

注意力的能量被稱爲「專注力」，由「意志」所引導，因此，**我們必須拒絕把注意力放在任何我們不想要的事物上**。然而，許多人卻總是專注於悲傷、損失與紛爭，由於思想具有創造性，因此這種專注必然會導致更多的損失、更多的悲傷與更多的紛爭——怎麼可能期望出現別種結果呢？反之，當我們專注於成功、收穫或其他理想情況時，自然會專注於這些正面事物的影響，從而創造更多、吸引更多。

要如何將這個原則應用於商業世界？我的一位同事提出了很好的見解。

「『靈性』無論它可能是什麼，都必須被視爲意識的本質、心靈的實體以及思想的基礎。由於所有想法都是意識、心靈或思想活動的一部分，因此，唯有在『靈性』之中才能找到終極的事實、眞理與信念。」

既然承認了這一點，那麼**真正理解靈性的運作方式及其法則，對「務實」的人來說不就是最「實際」的知識嗎**？如果世界上的「務實」人士都能夠明白這個事實，他們是否會不惜一切代價去尋求關於靈性法則的知識？這些人並不是傻瓜；他們只需要掌握住這個基本事實，就能朝所有成就的本質前進。

讓我舉個具體的例子。我認識一位芝加哥商人，一直以來都認爲他是個徹頭徹尾的物質主義者。他一生中曾取得數次成功，但也遭遇過幾次失敗。當我最後一次和他談話時，他的事業幾乎已經到了山窮水盡的地步，與過去的輝煌相比簡直有著天壤之別。因爲他已步入中年，創新思考的能力不如年輕時那麼敏銳，觸發頻率也減少了。

他對我說了一段話大意如下：「我知道所有在商場上『成功』的事情都是思考的結果，即使是傻子也知道。但我現在的問題似乎是缺乏新的想法和靈感。然而，如果這個『全知能量』的理論正確，那麼**個人應該可以與無限心智建立『直接連結』**。在無限心智中，一定存在各種有價值的好點子，像我這樣擁有勇氣和經驗的人，一定能夠以這些點子在商業世界裡實際運用、再創輝煌。這看起來很不錯，我打算好好研究一下。」

上述對話已經是好幾年前的事了，前幾天我偶然間聽到這個人的消息。和朋友聊天時隨口一問：「我們的老朋友最近怎麼樣？他是否重新站了起來？」朋友驚訝地看著我：「你不知道他的輝煌成果嗎？他現在是『○○公司』（這家公司在過去 18 個月內取得了驚人的成功，憑藉著廣告在全國甚至國際上都聲名遠播）的靈魂人物！他正是那個爲這家公司提供偉大創意的人！現在他已經賺進超過 50 萬美元，並且正迅速朝著百萬大關邁進，而這一切都發生在短短 18 個月之內！」我之前並沒有將這位朋友和○○公司連結起來，儘管我知道該公司取得了巨大成功。查證之後我發現，以上這個故事完全屬實，絲毫沒有刻意誇大。

讀到這裡，你對這件事情有什麼看法？對我來說，這位朋友眞的**成功地與無限心智建立了「直接連結」**，並且運用在他的事業中，讓它發揮作用。

我無意褻瀆所謂的「神」。如果我們把人格化的概念從「無限心智」中抽離，剩下的就是一種無所不在的力量，核心則是「意識」，也就是「靈性」。而這位朋友的成就當然也是「靈性」的一種體現，與源頭和諧一致，展示出這種力量的一小部分。**當我們運用心智進行創造性思考時，就是在運用這種無限力量**。只不過這位朋友比大多數的人更深入、更務實、更有意識地運用它。

我還沒向這位朋友請益具體做法，但打算一有機會就向他討教。不過幾乎可以肯定的是，他不僅從無限心智中汲取了所需要的好點子（而且這些點子成爲他成功的種子），同時還運用「創造性思考」爲自己在心中構築了一個理想藍圖，並且不斷地增補、調整與改進——從一個初步的輪廓發展到完工的所有細節。之所以這麼推測，不僅是因爲我還記得幾年前的對話，也因爲我**在其他成功人士身上，也看到了同樣的模式**。

那些不敢運用「無限力量」幫助自己在物質世界獲得成功的人，應該記住一件事：如果「無限心智」真的抗拒這種做法，這件事就根本不可能會發生。無限心智完全有能力自我保護。

靈性相當「實際」、非常「實際」、極其「實際」，它教導我們「靈」是真實存在的、是整體，而物質不過是靈性的塑形材料——可按照靈性的意志創造、塑形並操控。因此靈性是世上最「實際」的東西——唯一真正且絕對「實際」！

練習看看

本週要討論的是：**人並非擁有靈魂的肉體，而是擁有肉體的靈魂**。正因如此，若不能與靈性相契合，所有的欲望便無法獲得長久的滿足。換句話說，金錢的價值在於能夠為我們帶來渴望的條件，而且這些條件必須是和諧的。創造和諧的環境需要充足資源的供應，因此當你覺得匱乏時，就應該意識到：**金錢的本質或靈魂就是「服務」**。當這個想法形成時，供應的管道就會被打開，而你將滿意地體驗到──靈性的方法完全是最「實際」的。

我們已經發現，有目的且有條理的思考可以將目標具體化，因此我們能對自己的行動結果充滿信心

──法蘭西斯・拉利摩・華納（Francis Larimer Warner）

Lesson 24 心靈煉金術

恭喜你！終於來到最後一堂課！如果你每天都能按照建議花幾分鐘練習本書的方法，那麼你就會發現，只要先將自己的願望付諸實行，就能得到想要的生活。就像有位學員的回饋：「這個法則幾乎令人驚嘆——如此寬闊、如此可行、如此明確、如此合理，而且非常實際。」

這份知識的果實簡直就像「眾神的恩賜」。「真理」讓人真正獲得自由，不僅得以擺脫匱乏與限制，更讓人從悲傷、憂慮和煩惱中走出。最令人驚奇的是，這項法則並不偏袒任何人，無論你過去的思考習慣如何，成功之路都已經為你鋪好了。

如果你有宗教信仰，那世界上最偉大的宗教導師已經為你指明了道路。如果你相信科學，這條法則就像嚴謹而精確的數學原理。如果你偏好哲學，那麼柏拉圖或愛默生也能成為你的導師。無論傾向哪一種，你都可以藉由這個法則獲得難以想像的力量。

我相信，對這項原則的理解，就是古代鍊金術士苦苦追尋的祕密，因為它解釋了如何將「心靈」的黃金轉化為「現實」黃金的方法。

當科學家首次提出太陽位於太陽系中心，並且地球圍繞著太陽運行時，大衆感到無比的詫異與震驚。許多人認爲這種觀念是錯誤的，因爲太陽從東邊升起，然後緩緩在天空中運行，直到沉入西邊的山巒之後或大海中，這是人人有目共睹的事實。因此學者們憤怒不已，科學界也認爲這個說法非常荒謬。但最後，**證據說服了所有人**。

我們說鐘是一個「發聲體」，但鐘所能做的其實只是在空氣中產生振動。當這些振動以每秒 16 次的頻率傳播時，我們的大腦便將之解讀爲「聲音」。大腦也能辨識每秒高達 38000 次的振動頻率，但如果超過這個範圍我們就聽不見了，一切又將歸於寂靜。由此可知，聲音並不是來自於鐘，而是我們大腦根據接收到的振動頻率所產生的一種知覺。

我們常說太陽會「發光」，甚至眞的這樣認爲，但實際上太陽只是釋放振動頻率高達每秒四百兆次的能量，形成所謂的「光波」。因此我們所謂的「光」，其實只是一種能量形式；而我們所感受到的「光」，只是大腦接收這些光波後產生的知覺。當振動頻率提高時，光的顏色就會改變，每種顏色的變化都各自對應更快的振動頻率。所以，雖然我們說玫瑰是紅色的、草是綠色的、天空是藍色的，但其實顏色只是我們大腦的感知結果，來自不同光波的振動頻率。當振頻降到四百兆次以下時，我們就不再感受到「光」，而是感受到「熱」。由此可見，**我們無法只憑感官經驗來判斷事物本質**。如果只依靠感官，就會以爲太陽繞著地球轉、世界是平的、星星只是夜空中的微亮光點，而非遙遠龐大的恆星。

由此可知，任何形上學體系的理論和實踐，核心概念都是**認識關於你自己和你所生活的世界**。想要展現和諧，必須先思考和諧；想要展現健康，必須先思考健康；想要展現豐盛，必須先思考豐盛。要做到這點，你必須**先顛覆感官所帶來的錯誤印象**。

當你理解所有的疾病、匱乏與限制，都只是錯誤思考的結果，就會知道「眞理使你自由」，即使是最沉重的「大山」也可以被移除。如果這些山只是由懷疑、恐懼、猜忌或其他形式的負面情緒構成，它們就是眞實存在，因此不只需要被移除，還要把它們「丟進海裡」。

你真正的任務就是讓自己「相信這是真的」。一旦成功做到這點，你就能毫不費力地思考眞理。前面所說眞理蘊含的生命本質，自然會顯現出來。

那些透過心靈療法治癒疾病的人，早已理解並運用了這個眞理。他們在自己與他人的每天日常生活中加以驗證，了解生命、健康與豐盛都是無所不在，而且充滿整個宇宙。他們也明白那些遭遇疾病或匱乏的人，只是尚未理解這個偉大的法則。

既然所有的境遇皆由思想所創造，因此疾病與貧困本質上也是一種心理狀態，只是當事人還無法洞察眞相而已。**一旦錯誤的觀念被糾正，相關問題也會被一併解決。**

轉化錯誤觀念的方法，就是進入「靜默」狀態專注於「真理」。因爲所有的心靈本質上都是一體的，所以你可以幫助自己了解眞理，也同樣可以幫助別人。如果你已經學會在腦海中想像出自己理想的景象，這會是最簡單、最快速的方法。如果還不熟練，你也可以透過反覆思考與辯證來說服自己，直到完全相信這個眞理，以實現你想要的結果。

記住，這是最難以理解、卻也最奇妙的一項原則：無論遇到什麼困難、無論在哪裡發生、無論是誰受到影響，唯一需要調整的，只有你自己。**唯一需要做的，就是讓自己完全相信你所渴望的真理一定會實現。**

這是完全符合現存所有形上學體系的精確科學陳述，除此之外，沒有其他方法能獲得永久性的效果。

每一種形式的專注、心象、論證以及自我暗示，都只是幫助你領悟「眞理」的方法。

如果你想幫助某人消除某種形式的匱乏、限制或錯誤，正確的方法不是去想著你要幫助的對象。只要有幫助對方的意念，就足以讓你與他建立起精神聯繫，然後**從你自己的心中清除任何關於匱乏、限制、疾病、危險、困難或其他的負面想法**。一旦你成功做到這一點，結果就已經實現了，而那個人也將從困境中獲得解脫。

但請記住，思想是具有創造力的，因此每當你的想法停留在任何不和諧的狀態時，你必須意識到這些狀態只是表象，而非眞實存在。**唯一的真實是「靈性」，而「靈性」永遠不會不完美。**

所有思想都是能量的一種形式和振動頻率。然而「眞理」擁有已知最高的振動頻率，因此能夠消除任何形式的錯誤，就像光明驅散黑暗一樣。當「眞理」顯化時，任何錯誤都無法存在。**你所有的心智修鍊都是為了要理解「真理」**，這將使你能夠克服任何形式的匱乏、限制或疾病。

我們無法從外在世界了解「眞理」，因爲外在世界是「相對」的，而眞理是「絕對」的。因此，**我們必須在「內在世界」尋找真理**。

當我們訓練心智只專注於「眞理」，就會開始看到事情眞正的樣貌。我們夠做到這件事的程度，恰好反映出我們的進步程度。

絕對的真理是：「我」是完美且完整的，真正的「我」是靈性的，因此永遠不會不完美，也永遠不會有任何匱乏、限制或疾病。靈光乍現並非源自於大腦的分子運動，而是來自於心靈——那個和宇宙心智合而爲一的「靈性之我」。我們對於這種一體性的覺察能力，是所有靈感的根源。這些結果影響深遠，甚至影響到後代子孫；它們如同照亮前路的「火炬」，將指引數百萬人前行。

眞理並不是邏輯訓練、實驗甚至觀察得來的結果，而是源自於**意識的覺醒**。當眞理存在一位偉大領袖人物的內心，就會自然展現在他的風範、生活和行動中，進而影響社會的樣貌和進步。同樣地，你的生活、行爲與對世界的影響力，也**取決於你對「真理」的理解程度可以到多深刻的地步**。因爲眞理不會展現在教條中，而是反映在行爲上。

眞理會體現在人的品格之中，而一個人的品格應該就是他自己對信仰或眞理的詮釋，而這份詮釋最終也會反映在他所擁有的一切之中。如果一個人對自己的境遇感到不滿，那他其實就是對自己不公，就像有人否認顯而易見、無法辯駁的眞理一樣。

我們的環境以及生活中無數的情況與偶發事件，已經存在我們的潛意識之中，而潛意識會吸引與自身性質相符合的思想與人事物。因此，**我們的未來是由我們的現在所決定的**，如果我們在個人生活中感受到某些不公，就應該向內在尋找原因，試著找出導致這種外在結果的心理事實。

這個眞理將使你「自由」，而對這個眞理的覺知與覺察，將使你能夠克服一切困難。

你在外在世界所遇到的種種情況，都是你內在世界狀態的反映。因此，我們可以得出像科學發現般精確的結論：**只要在心中保有完美的理想，你就可以在外在環境中創造出理想的條件。**

如果你只看到殘缺、不完美、相對和有限的條件，那麼這些條件就會顯化在你的生活中。但你如果訓練自己的心智看見並領悟到「靈性自我」，也就是那個永遠完美、完整、和諧的「我」，健全、健康的良好的狀態才會顯現在你的生命中。

由於思想具有創造力，而「眞理」是任何人所能想到最高層次、最完美的思想，因此思考眞理顯然就是在創造眞實的事物。當眞理顯化的同時，虛假的事物就必然會消失。

宇宙心智是所有存在心智的總和。靈性就是心智，因爲靈性具有智慧，因此，這兩個詞本質上是同義的。

你所面臨的挑戰，是要去理解心智並非一個個體。心智無處不在、無所不在，換句話說，它存在於一切之中，因此它是宇宙性的。

人們過去常用「神」這個詞來指稱宇宙中的創造能量，但這個詞往往容易引起誤解，讓大多數人認爲那是一種在自己之外的存在，但事實卻剛好相反——**這股力量就是我們的生命本質**。沒有它，我們就無法存在；一旦這股靈性能量離開肉身，我們就什麼都不是。因此，靈性才是我們眞正的存在。

靈性唯一的活動能力就是思考能力。因此，思想必然具有創造力，因爲靈性本身就是具有創造性的。這種創造力不是專屬於個人，**你的思考能力就是你掌控並且運用它來為自己與他人謀福利的能力**。

當你眞正領悟、理解並珍視這個眞理，**「神奇的成功之鑰」便已握在你的手中**。但請記住，只有那些擁有足夠智慧去洞察眞相、足夠寬容去權衡證據、足夠堅定去遵循自己的判斷，並且擁有足夠勇氣去承擔必要犧牲的人，**才有資格開啓「成功之門」**，領受這把鑰匙帶來的一切力量與恩賜。

練習看看

最後一週，請試著眞正體會：**我們所生活的世界是何等美妙，而你自己本身也是一個奇妙的存在**。越來越多人正在覺醒，並且領悟到眞理；當他們隨著這種覺醒開始意識到那些「早已爲他們預備好的事物」時，也會體悟「眼未曾見、耳未曾聞、人心也未曾想過」的應許之地是多麼壯麗輝煌。他們已跨越審判之河，來到能夠分辨眞僞的境界，並且發現過去所渴望的、夢想的一切，只不過是這耀眼眞相的一縷微光罷了。

財富可以繼承，但知識和智慧卻無法。有錢人雖然可以請人為他工作賺錢，但卻無法請人幫他思考，也無法為他獲取任何內在的修養。

——薩繆爾・史密斯（Samuel Smiles）

回函範例

您的姓名：	晨小星
您購買的書是：	貓戰士
性別：	●男 ○女 ○其他
生日：	1990/1/25
E-Mail：	ilovebooks@morning.com.tw
電話／手機：	09××-×××-×××
聯絡地址：	台中 市 西屯 區 工業區30路1號

您喜歡：●文學/小說 ●社科/史哲 ●設計/生活雜藝 ○財經/商管
（可複選）●心理/勵志 ○宗教/命理 ○科普 ○自然 ●寵物

心得分享：
我非常欣賞主角⋯
本書帶給我的⋯

“誠摯期待與您在下一本書相遇，讓我們一起在閱讀中尋找樂趣吧！”

國家圖書館出版品預行編目（CIP）資料

神奇的成功之鑰/查爾斯.F.哈尼爾(Charles F. Haanel)著；科學成功法翻譯小組譯. -- 初版. -- 臺中市：晨星出版有限公司, 2025.05
240面；14.8×21　公分. -- (Guide book；277)
譯自：The Master Key System
ISBN 978-626-420-101-8(平裝)

1.CST: 成功法 2.CST: 思考

177.2　　114004041

Guide Book **277**

神奇的成功之鑰

24週心想事成祕密寶典，
掌握萬能致富關鍵、開啟人生無限可能

作者	查爾斯.F.哈尼爾 Charles F. Haanel
譯者	科學成功法翻譯小組
編輯	余順琪
封面設計	初雨有限公司
美術編輯	陳佩幸
創辦人	陳銘民
發行所	晨星出版有限公司 407台中市西屯區工業30路1號1樓 TEL：04-23595820　FAX：04-23550581 E-mail：service-taipei@morningstar.com.tw http://star.morningstar.com.tw 行政院新聞局局版台業字第2500號
法律顧問	陳思成律師
初版	西元2025年05月15日
讀者服務專線	TEL：02-23672044／04-23595819#212
讀者傳真專線	FAX：02-23635741／04-23595493
讀者專用信箱	service@morningstar.com.tw
網路書店	http://www.morningstar.com.tw
郵政畫撥	15060393（知己圖書股份有限公司）
印刷	上好印刷股份有限公司

定價 320 元
（如書籍有缺頁或破損，請寄回更換）
ISBN：978-626-420-101-8

Published by Morning Star Publishing Inc.
Printed in Taiwan